PROJECT 531

수학을 쉽게

수 준 별 단 기 특 강 서

확률과 통계 E

531 PROJECT 확률과 통계 EASY

발행일	201810 초판 1쇄
펴낸이	김형중
펴낸곳	이투스교육(주) 서울시 서초구 남부순환로 2547
고객센터	1599-3225
등록번호	제2007-000035호
ISBN	979-11-6123-724-4 [53410]

531 PROJECT 와 함께라면
쉽고 빠르게 성적을 올릴 수 있습니다!

531 PROJECT 는 쉽게 익히고, 빠르게 다지고, 확실히
성적을 올릴 수 있는 영역별 **단기 특강 교재입니다.**

쉽게 E

531 PROJECT 중 가장 쉽게 개념과 원리를 익힐 수 있는 교재입니다.

하나 단원별 꼭 알아야 하는 핵심 개념과 이론을 충실하게 기술한 교재입니다.

둘 핵심 개념별로 출제 빈도수가 높은 대표 유형 중 학교 내신 문제 또는 수능 2, 3점으로 출제 가능한 문제를 집중 학습할 수 있는 교재입니다.

셋 문제 풀이를 통하여 학습한 내용을 완벽하게 습득할 수 있도록 친절하고 상세한 해설과 첨삭을 덧붙인 교재입니다.

빠르게 S

531 PROJECT 중 가장 빠르게 빈출 유형을 다질 수 있는 교재입니다.

하나 단원별 꼭 알아야 하는 핵심 개념은 물론 빈출 유형을 집중적으로 학습할 수 있는 교재입니다.

둘 단원별로 주로 다루어지는 빈출 유형 중 학교 내신 문제 또는 수능 3, 4점으로 출제 가능한 문제를 집중 학습할 수 있는 교재입니다.

셋 문제 풀이를 통하여 유형별 해결 능력을 확실하게 다질 수 있도록 친절하고 상세한 해설과 첨삭을 덧붙인 교재입니다.

이 책의 구성과 특징

Structure

01

| 교과서 핵심 개념 |

- 교과서 핵심 개념을 세부적으로 구분하여 제공하였습니다.
- 개념과 관련된 문제 유형 번호를 링크하여 해당하는 유형을 바로 학습할 수 있습니다.
- 중요한 개념에 대해서는 '중요'라고 표시하여 학습에 좀 더 집중할 수 있도록 하였습니다.

02

| 대표 유형 익히기 |

- 교과서 핵심 개념 별로 출제될 수 있는 대표적인 문제들을 유형별로 구분하여 제공하였습니다.
- 대표 유형에 대한 쌍둥이 문제를 제공하여 해당 유형을 반복 학습할 수 있도록 하였습니다.

개념 Plus
개념에 대한 추가적인 설명을 담아 좀 더 쉽게 개념을 이해할 수 있도록 하였습니다.

개념 Feedback
이미 배웠던 학습 내용 중에서 복습이 필요한 개념 및 용어 등을 제공하였습니다.

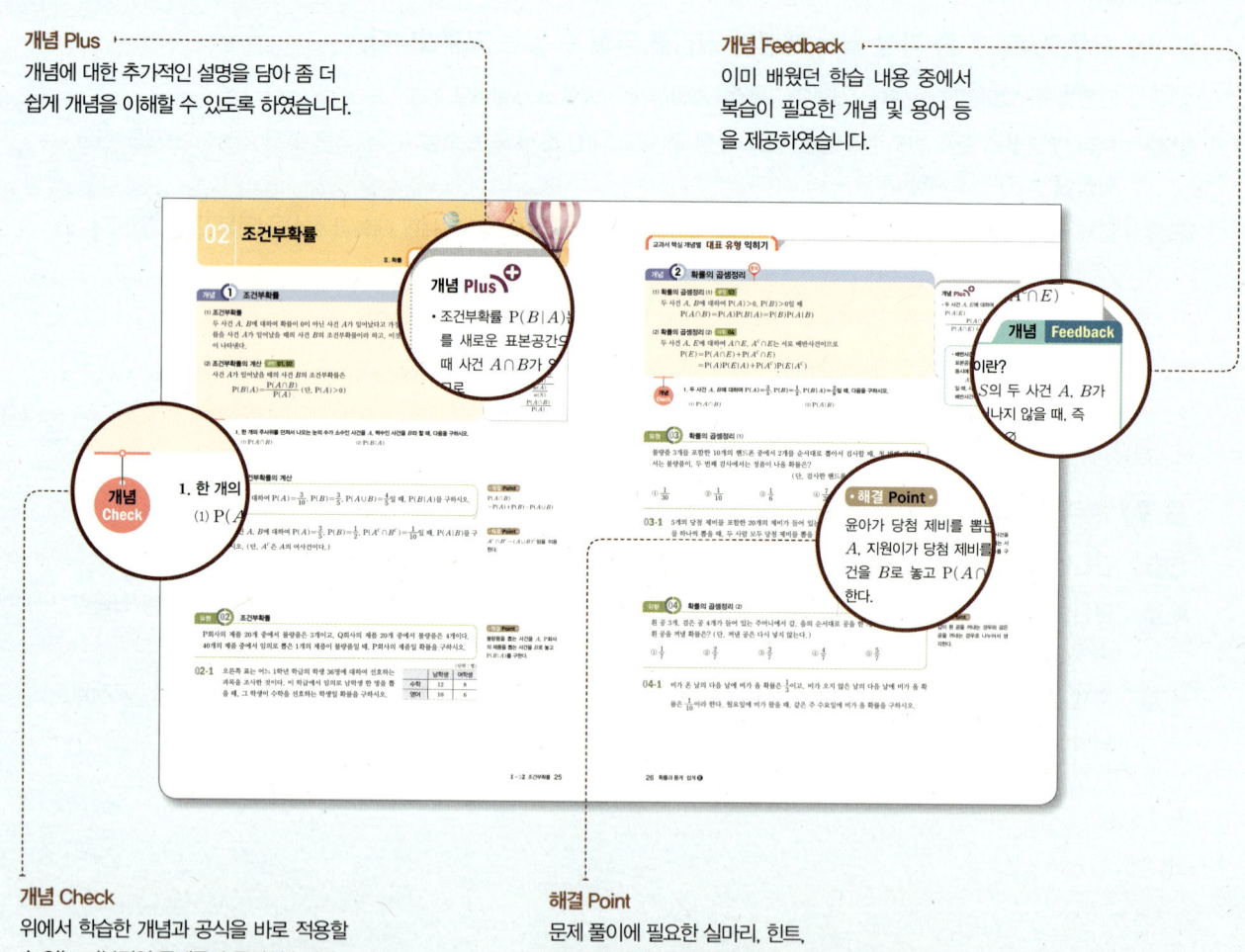

개념 Check
위에서 학습한 개념과 공식을 바로 적용할 수 있는 기본적인 문제를 수록하였습니다.

해결 Point
문제 풀이에 필요한 실마리, 힌트, 핵심 개념을 제공하였습니다.

03

| 대표 유형 다지기 |

- 앞에서 학습한 대표 유형의 유사 문제들을 제공하여 해당 유형을 반복적으로 학습하여 자신의 것으로 만들 수 있도록 하였습니다.
- 꼭 풀어봐야 하는 문제에 '중요'라고 표시하여 해당 문항의 풀이에 좀 더 집중할 수 있도록 하였습니다.

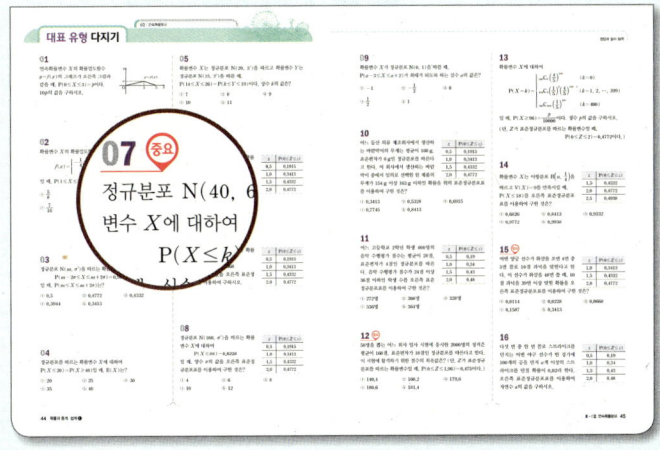

04

| 정답과 풀이 |

- 모든 문항을 상세하게 풀이하여 오답의 이유를 스스로 찾을 수 있도록 하였습니다.
- [다른 풀이] 및 [보충 설명]을 제시하여 다양한 사고를 할 수 있도록 하였습니다.

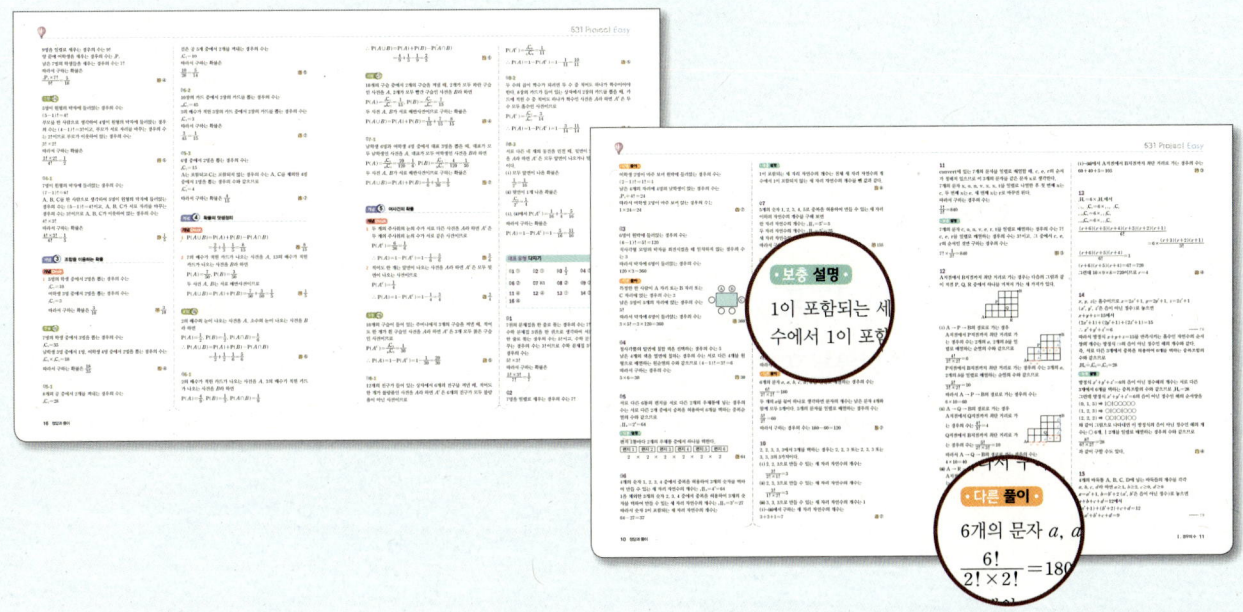

Contents

I

경우의 수

01 순열과 조합

I. 경우의 수   교과서 핵심 개념별 **대표 유형 익히기**

개념 ① 원순열 〔중요〕

(1) 원순열 〔유형 01, 02〕

① 서로 다른 것을 원형으로 배열하는 순열을 원순열이라 한다.

② 서로 다른 n개를 원형으로 배열하는 원순열의 수는

$$\frac{n!}{n}=(n-1)!$$

(2) 다각형 모양의 탁자에 둘러앉는 경우의 수

① 정사각형 모양의 탁자에 n명이 둘러앉는 경우의 수는 $(n-1)! \times \dfrac{n}{4}$

② 정사각형이 아닌 직사각형의 모양의 탁자에 n명이 둘러앉는 경우의 수는 $(n-1)! \times \dfrac{n}{2}$

③ 정삼각형 모양의 탁자에 n명이 둘러앉는 경우의 수는 $(n-1)! \times \dfrac{n}{3}$

개념 Check

1. 5명이 원탁에 둘러앉는 경우의 수는 $\dfrac{5!}{\square}=(\square-1)!=\square$

개념 Plus +

- 원순열에서는 회전하여 일치하는 경우는 모두 같은 것으로 본다.
- 서로 다른 n개를 원형으로 배열하는 원순열은 어느 한 개의 위치를 고정하고, 나머지를 일렬로 배열하는 순열과 같다.

- 다각형 모양의 탁자에 둘러앉는 경우의 수 : (원순열의 수)×(회전시켰을 때 겹쳐지지 않는 경우의 수)

개념 Feedback

- 순열이란?
  서로 다른 n개에서 $r(0<r \le n)$개를 택하여 일렬로 나열하는 것을 n개에서 r개를 택하는 순열이라 하고, 이 순열의 수를 기호로 $_n\mathrm{P}_r$로 나타낸다.
  $_n\mathrm{P}_r=n(n-1)(n-2)\times \cdots \times(n-r+1)$

유형 01 원순열의 수

여학생 3명과 남학생 3명이 원탁에 둘러앉을 때, 다음을 구하시오.

(1) 6명이 앉는 경우의 수

(2) 여학생과 남학생이 교대로 앉는 경우의 수

01-1 부모를 포함한 5명의 가족이 원탁에 둘러앉을 때, 다음을 구하시오.

(1) 부모가 이웃하게 앉는 경우의 수

(2) 부모가 이웃하지 않게 앉는 경우의 수

• 해결 Point •

(2) 이웃하지 않는 사람은 나중에 앉는다.

유형 02 도형에 색칠하는 경우의 수

오른쪽 그림과 같이 정사각형을 사등분한 4개의 영역을 서로 다른 4가지 색을 모두 사용하여 색칠하는 경우의 수를 구하시오.

(단, 한 영역에는 한 가지 색만 칠한다.)

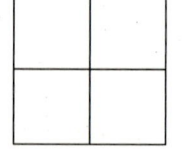

02-1 오른쪽 그림과 같이 정삼각형을 사등분한 4개의 영역을 서로 다른 4가지 색을 모두 사용하여 색칠하는 경우의 수를 구하시오.

(단, 한 영역에는 한 가지 색만 칠한다.)

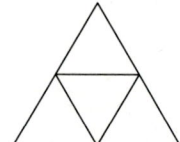

• 해결 Point •

가운데 영역에 색을 칠한 후, 원순열을 이용하여 나머지 영역에 색을 칠한다.

개념 ② 중복순열

(1) **중복순열** 유형 03, 04

서로 다른 n개에서 중복을 허용하여 r개를 택하는 순열을 서로 다른 n개에서 r개를 택하는 중복순열이라 하고, 이 중복순열의 수를 기호로 $_n\Pi_r$와 같이 나타낸다.

(2) **중복순열의 수** 유형 03, 04

서로 다른 n개에서 중복을 허용하여 r개를 택하는 중복순열의 수는

$$_n\Pi_r=\underbrace{n\times n\times n\times\cdots\times n}_{r개}=n^r$$

개념 Plus➕

• $_n\Pi_r$의 Π는 곱을 뜻하는 영어 Product의 첫 글자 P에 해당하는 그리스 문자로 '파이'라 읽는다.
• 순열의 수 $_n\mathrm{P}_r$에서는 $n\geq r$이어야 하지만 중복순열의 수 $_n\Pi_r$에서는 중복을 허용하므로 $n<r$도 가능하다.

개념 Check

1. 다음 값을 구하시오.

(1) $_4\Pi_3$ (2) $_5\Pi_2$ (3) $_3\Pi_4$ (4) $_2\Pi_6$

유형 03 중복순열

5명의 학생이 방과 후 활동으로 개설된 영화감상반, 뜨개질반, 축구반, 농구반 중에서 어느 한 반에 들어가는 경우의 수를 구하시오. (단, 한 명의 학생도 들어가지 않은 반이 있을 수도 있다.)

해결 Point
중복을 허용하는 대상이 무엇인지 살펴본다.

03-1 다음 물음에 답하시오.

(1) 모스 부호 ·와 − 중에서 3개를 배열하여 만들 수 있는 신호의 수를 구하시오.
(2) 파란색, 흰색, 빨간색 깃발이 각각 한 개씩 있다. 한 번에 한 개의 깃발을 들 때, 깃발을 4번 들어서 만들 수 있는 신호의 수를 구하시오.

03-2 두 집합 $X=\{1, 2, 3\}$, $Y=\{a, b, c, d, e\}$에 대하여 다음을 구하시오.

(1) X에서 Y로의 함수의 개수
(2) X에서 Y로의 일대일함수의 개수

유형 04 자연수의 개수

다음 물음에 답하시오.

(1) 네 개의 숫자 1, 2, 3, 4 중에서 서로 다른 3개의 숫자를 택하여 만들 수 있는 세 자리 자연수의 개수를 구하시오.
(2) 네 개의 숫자 1, 2, 3, 4 중에서 중복을 허용하여 3개의 숫자를 택하여 만들 수 있는 세 자리 자연수의 개수를 구하시오.

04-1 다음 물음에 답하시오.

(1) 5개의 숫자 0, 1, 2, 3, 4 중에서 중복을 허용하여 4개의 숫자를 택하여 만들 수 있는 네 자리 자연수의 개수를 구하시오.
(2) 5개의 숫자 0, 1, 2, 3, 4 중에서 중복을 허용하여 4개의 숫자를 택하여 만들 수 있는 네 자리 자연수 중에서 홀수의 개수를 구하시오.

해결 Point
맨 앞자리에는 0이 아닌 숫자가 와야 한다.

개념 ③ 같은 것이 있는 순열

(1) **같은 것이 있는 순열의 수** 유형 05, 06

n개 중에서 서로 같은 것이 각각 p개, q개, $\cdots$, r개씩 있을 때, n개를 모두 택하여 일렬로 배열하는 순열의 수는

$$\frac{n!}{p!\,q!\cdots r!} \ (\text{단}, \ p+q+\cdots+r=n)$$

개념 Plus ➕

• 순서가 정해진 순열의 수
  서로 다른 n개 중에서 특정한 r개의 순서가 일정하게 정해졌을 때, n개를 모두 일렬로 배열하는 순열의 수는 $\dfrac{n!}{r!}$

 **개념 Check**

1. 5개의 문자 a, b, b, c, c를 일렬로 배열하는 경우의 수는 $\dfrac{\boxed{}!}{1! \times 2! \times \boxed{}} = \boxed{}$

유형 05 같은 것이 있는 순열

다음 물음에 답하시오.

⑴ 4개의 숫자 1, 1, 2, 3을 모두 사용하여 만들 수 있는 네 자리 자연수의 개수를 구하시오.

⑵ 5개의 숫자 1, 1, 1, 2, 2 중에서 4개를 택하여 만들 수 있는 네 자리 자연수의 개수를 구하시오.

05-1 다음 물음에 답하시오.

⑴ 6개의 숫자 1, 1, 2, 2, 2, 2를 모두 사용하여 만들 수 있는 여섯 자리 자연수의 개수를 구하시오.

⑵ 6개의 숫자 1, 2, 3, 3, 3, 3을 모두 사용하여 여섯 자리 자연수를 만들 때, 1과 2가 이웃하는 자연수의 개수를 구하시오.

유형 06 최단 거리로 가는 경우의 수

오른쪽 그림과 같은 도로망이 있다. A지점에서 B지점까지 최단 거리로 가는 경우의 수를 구하시오.

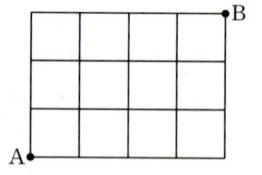

해결 Point

최단 거리로 가려면 오른쪽과 위쪽으로만 움직여야 한다.

06-1 오른쪽 그림과 같은 도로망이 있다. A지점에서 C지점을 거쳐 B지점까지 최단 거리로 가는 경우의 수를 구하시오.

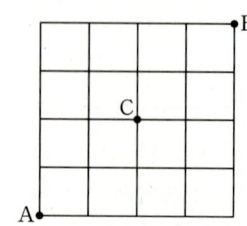

개념 **4** 중복조합

(1) 중복조합 [유형 07, 08]

서로 다른 n개에서 중복을 허용하여 r개를 택하는 조합을 서로 다른 n개에서 r개를 택하는 중복조합이라 하고, 이 중복조합의 수를 기호로 $_n\mathrm{H}_r$와 같이 나타낸다.

(2) 중복조합의 수 [유형 07, 08]

서로 다른 n개에서 중복을 허용하여 r개를 택하는 중복조합의 수는

$$_n\mathrm{H}_r = _{n+r-1}\mathrm{C}_r$$

개념 Check

1. 다음 빈 칸에 알맞은 수를 쓰시오.

(1) $_7\mathrm{H}_3 = _\square\mathrm{C}_3 = \boxed{}$　　　(2) $_2\mathrm{H}_4 = _\square\mathrm{C}_4 = \boxed{}$　　　(3) $_3\mathrm{H}_3 = _\square\mathrm{C}_3 = \boxed{}$

2. 다음 값을 구하시오.

(1) $_4\mathrm{H}_0$　　　(2) $_3\mathrm{H}_2$　　　(3) $_5\mathrm{H}_5$　　　(4) $_6\mathrm{H}_4$

3. 다음을 만족시키는 자연수 n 또는 r의 값을 구하시오.

(1) $_n\mathrm{H}_2 = 21$　　　(2) $_5\mathrm{H}_r = 70$

개념 Plus⁺

• 조합의 수 $_n\mathrm{C}_r$에서는 $n \geq r$이어야 하지만 중복조합의 수 $_n\mathrm{H}_r$에서는 중복을 허용하므로 $n < r$도 가능하다.

개념 Feedback

• 조합이란?

서로 다른 n개에서 순서를 생각하지 않고 $r(0 < r \leq n)$개를 택하는 것을 n개에서 r개를 택하는 조합이라 하고 이 조합의 수를 기호로 $_n\mathrm{C}_r$로 나타낸다.

$$_n\mathrm{C}_r = \frac{_n\mathrm{P}_r}{r!} = \frac{n!}{r!(n-r)!}$$

(단, $0 \leq r \leq n$)

유형 **07** 중복조합의 수

다음 물음에 답하시오.

(1) 수박, 오렌지, 귤, 사과, 바나나 중에서 중복을 허용하여 4개를 구입하는 경우의 수를 구하시오.

(2) 후보 네 명에게 유권자 15명이 무기명으로 투표하는 경우의 수를 구하시오.

07-1 다음 물음에 답하시오.

(1) $(a+b)^6$을 전개할 때 생기는 서로 다른 항의 개수를 구하시오.

(2) 3개의 문자 a, b, c로 만들 수 있는 계수가 1인 서로 다른 사차 단항식의 개수를 구하시오.

• 해결 Point

(2) 사차 단항식은 하나의 항으로 이루어져 있고, 곱해진 문자가 4개인 식이다.

유형 **08** 방정식의 해의 개수

방정식 $x+y+z=8$에 대하여 다음을 구하시오.

(1) 음이 아닌 정수인 해의 개수　　　(2) 양의 정수인 해의 개수

08-1 방정식 $x+y+z+w=10$에 대하여 다음을 구하시오.

(1) 음이 아닌 정수인 해의 개수　　　(2) 양의 정수인 해의 개수

대표 유형 다지기

01

부모와 딸 1명, 아들 3명이 원탁에 둘러앉을 때, 부모 사이에 딸이 앉는 경우의 수는?

① 12   ② 18   ③ 24
④ 30   ⑤ 36

02

여학생 2명과 남학생 4명이 원탁에 둘러앉을 때, 여학생 2명이 마주 보며 앉는 경우의 수는?

① 12   ② 24   ③ 36
④ 48   ⑤ 60

03

오른쪽 그림과 같은 직사각형 모양의 탁자에 6명이 둘러앉는 경우의 수를 구하시오.

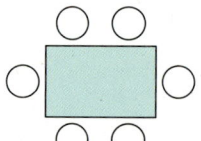

04 중요

오른쪽 그림과 같은 정사각뿔의 각 면을 서로 다른 5가지 색을 모두 사용하여 칠하는 경우의 수를 구하시오.
(단, 한 면에는 한 가지 색만 칠한다.)

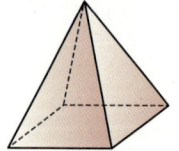

05

서로 다른 6통의 편지를 서로 다른 2개의 우체통에 넣는 경우의 수를 구하시오. (단, 한 통의 편지도 넣지 않는 우체통이 있을 수도 있다.)

06

4개의 숫자 1, 2, 3, 4 중에서 중복을 허용하여 3개의 숫자를 택하여 만들 수 있는 세 자리 자연수 중에서 숫자 1이 포함되는 자연수의 개수는?

① 31   ② 33   ③ 35
④ 37   ⑤ 39

07

5개의 숫자 1, 2, 3, 4, 5로 중복을 허용하여 만들 수 있는 세 자리 이하의 자연수의 개수를 구하시오.

08

두 집합 $X = \{1, 2, 3\}$, $Y = \{1, 2, 3, 4, 5\}$에 대하여 함수 $f : X \longrightarrow Y$ 중에서 $f(1) \neq 1$인 함수의 개수는?

① 49   ② 64   ③ 81
④ 100   ⑤ 121

09

6개의 문자 a, a, b, c, d, d를 일렬로 나열할 때, a끼리는 이웃하지 않도록 배열하는 경우의 수는?

① 90 ② 120 ③ 150
④ 180 ⑤ 210

10

5개의 숫자 2, 2, 3, 3, 3 중에서 3개를 택하여 만들 수 있는 세 자리 자연수의 개수는?

① 5 ② 7 ③ 9
④ 11 ⑤ 13

11 ⬤중요

convert에 있는 7개의 문자를 일렬로 배열할 때, c는 e보다 앞에 오고, e는 r보다 앞에 오도록 배열하는 경우의 수는?

① 720 ② 800 ③ 840
④ 900 ⑤ 1008

12 ⬤중요

오른쪽 그림과 같은 도로망이 있다. A 지점에서 B지점까지 최단 거리로 가는 경우의 수는?

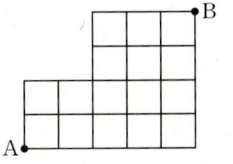

① 90 ② 100
③ 105 ④ 110
⑤ 120

13

등식 $_7H_r = 6 \times _4H_r$를 만족시키는 자연수 r의 값은?

① 1 ② 2 ③ 3
④ 4 ⑤ 5

14

방정식 $x+y+z=15$를 만족시키는 홀수인 자연수 x, y, z의 순서쌍 (x, y, z)의 개수는?

① 22 ② 24 ③ 26
④ 28 ⑤ 30

15

서로 같은 종류의 12개의 바둑돌을 4개의 바둑통 A, B, C, D 에 넣으려고 한다. 바둑통 A에는 1개 이상, 바둑통 B에는 2개 이상의 바둑돌이 들어가게 할 때, 바둑돌을 넣는 경우의 수는?

① 200 ② 220 ③ 240
④ 260 ⑤ 280

16 ⬤중요

동일한 종류의 공책 4권과 지우개 5개를 3명의 학생에게 남김 없이 나누어 주려고 한다. 각 학생에게 공책을 적어도 한 권씩 주고 공책을 한 권만 받은 학생에게 지우개를 적어도 한 개씩 나누어 주는 경우의 수는?

① 10 ② 12 ③ 14
④ 16 ⑤ 18

02 | 이항정리

개념 ① 이항정리

(1) 이항정리 유형 01

자연수 n에 대하여 $(a+b)^n$을 전개하면

$$(a+b)^n={}_nC_0 a^n+{}_nC_1 a^{n-1}b+{}_nC_2 a^{n-2}b^2+\cdots+{}_nC_r a^{n-r}b^r+\cdots+{}_nC_n b^n$$

과 같고, 이것을 이항정리라 한다.

이때, 각 항의 계수

$${}_nC_0,\ {}_nC_1,\ \cdots,\ {}_nC_r,\ \cdots,\ {}_nC_n$$

을 이항계수라 하고, 항 ${}_nC_r a^{n-r}b^r$을 $(a+b)^n$의 전개식의 일반항이라 한다.

> **개념 Plus**
> • $(a+b)^n$의 전개식에서
> $a^{n-r}b^r$의 계수는 ${}_nC_r$,
> $a^r b^{n-r}$의 계수는 ${}_nC_{n-r}={}_nC_r$
> 이므로 $a^{n-r}b^r$의 계수와
> $a^r b^{n-r}$의 계수는 서로 같다.

개념 Check

1. $(x+y)^6$의 전개식에서 xy^5의 계수를 구하시오.

유형 01 이항정리를 이용하여 계수 구하기

다음을 구하시오.

(1) $(2x+y)^5$의 전개식에서 $x^2 y^3$의 계수   (2) $\left(x^3+\dfrac{1}{x}\right)^8$의 전개식에서 상수항

01-1 다음을 구하시오.

(1) $(x-3y)^6$의 전개식에서 $x^4 y^2$의 계수

(2) $\left(x^2-\dfrac{1}{2x}\right)^6$의 전개식에서 x^3의 계수

01-2 다음을 구하시오.

(1) 다항식 $(x+1)^n$의 전개식에서 x^2의 계수가 28일 때, 자연수 n의 값

(2) 다항식 $(x+a)^5$의 전개식에서 x^2의 계수가 270일 때, 실수 a의 값

> **해결 Point**
> $(a+b)^n$의 전개식의 일반항은
> ${}_nC_r a^{n-r}b^r$ 또는 ${}_nC_r a^r b^{n-r}$으로 나
> 타낼 수 있다.

01-3 다항식 $(x-a)^5$의 전개식에서 x의 계수와 상수항의 합이 0일 때, 양수 a의 값은?

① 1   ② 2   ③ 3   ④ 4   ⑤ 5

개념 ② 이항정리의 활용

(1) 파스칼의 삼각형 [유형 02]

n이 자연수일 때, $(a+b)^n$의 이항계수를 차례대로 다음과 같이 배열한 것을 파스칼의 삼각형이라 한다.

$$
\begin{array}{ccccccccccc}
 & & & & & 1 & & & & & \\
(a+b)^1 & & & & {}_1C_0 & & {}_1C_1 & & & & \\
(a+b)^2 & & & {}_2C_0 & & {}_2C_1 & & {}_2C_2 & & & \\
(a+b)^3 & & {}_3C_0 & & {}_3C_1 & & {}_3C_2 & & {}_3C_3 & & \\
(a+b)^4 & {}_4C_0 & & {}_4C_1 & & {}_4C_2 & & {}_4C_3 & & {}_4C_4 & \\
 & & & & & \vdots & & & & &
\end{array}
\quad\Rightarrow\quad
\begin{array}{ccccccccc}
 & & & & 1 & & & & \\
 & & & 1 & & 1 & & & \\
 & & 1 & & 2 & & 1 & & \\
 & 1 & & 3 & & 3 & & 1 & \\
1 & & 4 & & 6 & & 4 & & 1 \\
 & & & & \vdots & & & &
\end{array}
$$

(2) 이항계수의 성질 [유형 03]

n이 자연수일 때

① ${}_nC_0 + {}_nC_1 + {}_nC_2 + \cdots + {}_nC_n = 2^n$

② ${}_nC_0 - {}_nC_1 + {}_nC_2 - {}_nC_3 + \cdots + (-1)^n {}_nC_n = 0$

③ ${}_nC_0 + {}_nC_2 + {}_nC_4 + \cdots = {}_nC_1 + {}_nC_3 + {}_nC_5 + \cdots = 2^{n-1}$

개념 Check

1. ${}_{10}C_0 + {}_{10}C_1 + {}_{10}C_2 + \cdots + {}_{10}C_{10}$의 값을 구하시오.

개념 Plus

• 파스칼의 삼각형의 각 단계에서 이웃하는 두 수의 합은 그 두 수의 아래쪽 중앙에 있는 수와 같다.
$$
\begin{array}{cc}
{}_{n-1}C_{r-1} & {}_{n-1}C_r \\
 & {}_nC_r
\end{array}
$$

• $a^{n-r}b^r$의 계수와 $a^r b^{n-r}$의 계수가 같으므로 파스칼의 삼각형은 좌우대칭이다.

• 이항정리를 이용하여 $(1+x)^n$을 전개하면
$$(1+x)^n = {}_nC_0 + {}_nC_1 x + \cdots + {}_nC_n x^n$$
이므로 이 전개식을 이용하면 여러 가지 이항계수의 성질을 알 수 있다.

유형 ② 파스칼의 삼각형

다음 값을 구하시오.

(1) ${}_2C_0 + {}_2C_1 + {}_3C_2 + {}_4C_3 + {}_5C_4$

(2) ${}_4C_1 + {}_5C_2 + {}_6C_3 + {}_7C_4$

(3) ${}_4C_4 + {}_5C_4 + {}_6C_4 + {}_7C_4 + {}_8C_4$

• 해결 Point •

${}_{n-1}C_{r-1} + {}_{n-1}C_r = {}_nC_r$을 이용한다.

02-1 다음 물음에 답하시오.

(1) ${}_8C_r + {}_8C_{r-1} = {}_9C_4$를 만족시키는 모든 자연수 r의 값을 구하시오.

(2) ${}_nC_r + {}_nC_{r+1} = {}_8C_4$를 만족시키는 자연수 n과 r의 값을 구하시오.

유형 ③ 이항계수의 성질

다음 값을 구하시오.

(1) ${}_{10}C_1 + {}_{10}C_2 + {}_{10}C_3 + \cdots + {}_{10}C_{10}$

(2) ${}_9C_1 + {}_9C_3 + {}_9C_5 + {}_9C_7 + {}_9C_9$

03-1 다음 물음에 답하시오.

(1) ${}_nC_0 + {}_nC_1 + {}_nC_2 + \cdots + {}_nC_n > 1000$을 만족시키는 자연수 n의 최솟값을 구하시오.

(2) ${}_{2n}C_0 + {}_{2n}C_2 + \cdots + {}_{2n}C_{2n} = 128$을 만족시키는 자연수 n의 값을 구하시오.

(3) ${}_{20}C_0 - {}_{20}C_1 + {}_{20}C_2 - {}_{20}C_3 + \cdots + {}_{20}C_{20}$의 값을 구하시오.

대표 유형 다지기

정답과 풀이 13쪽

01 중요

다항식 $(2x+a)^4$의 전개식에서 x^3의 계수가 -96일 때, x^2의 계수를 구하시오. (단, a는 실수이다.)

02

다항식 $(1+x)^n$의 전개식에서 x^2, x^3, x^4의 계수를 각각 a, b, c라 하자. $2a+b=c$일 때, 자연수 n의 값은? (단, $n \geq 4$)

① 8   ② 9   ③ 10

④ 11   ⑤ 12

03 중요

다항식 $(2x+1)^4(x-3)^3$의 전개식에서 x^5의 계수는?

① 160   ② 168   ③ 176

④ 184   ⑤ 192

04

다음 파스칼의 삼각형에서 색칠된 부분에 있는 수들의 합을 구하시오.

$$\begin{array}{c}
{}_1C_0 \quad {}_1C_1 \\
{}_2C_0 \quad {}_2C_1 \quad {}_2C_2 \\
{}_3C_0 \quad {}_3C_1 \quad {}_3C_2 \quad {}_3C_3 \\
{}_4C_0 \quad {}_4C_1 \quad {}_4C_2 \quad {}_4C_3 \quad {}_4C_4 \\
{}_5C_0 \quad {}_5C_1 \quad {}_5C_2 \quad {}_5C_3 \quad {}_5C_4 \quad {}_5C_5 \\
\vdots
\end{array}$$

05

${}_1C_0 + {}_2C_1 + {}_3C_2 + {}_4C_3 + \cdots + {}_{12}C_{11}$의 값과 같은 것은?

① ${}_{12}C_9$ ② ${}_{12}C_{10}$ ③ ${}_{13}C_{10}$

④ ${}_{13}C_{11}$ ⑤ ${}_{13}C_{12}$

06 중요

$(1+x)^7 + (1+x)^8 + (1+x)^9 + (1+x)^{10}$의 전개식에서 x^7의 계수는?

① 120   ② 135   ③ 150

④ 165   ⑤ 180

07

${}_{17}C_9 + {}_{17}C_{10} + {}_{17}C_{11} + \cdots + {}_{17}C_{17}$의 값은?

① 2^{15} ② 2^{16} ③ 2^{17}

④ 2^{18} ⑤ 2^{19}

08

${}_6C_0 + 6 \times {}_6C_1 + 6^2 \times {}_6C_2 + \cdots + 6^6 \times {}_6C_6$의 값은?

① 6^5 ② 5^6 ③ 6^6

④ 7^6 ⑤ 6^7

Ⅱ

확률

개념 1 수학적 확률과 통계적 확률

(1) 수학적 확률 [유형 01]

표본공간이 S인 어떤 시행에서 각 근원사건이 일어날 가능성이 모두 같은 정도로 기대될 때, 사건 A가 일어날 수학적 확률은

$$P(A) = \frac{n(A)}{n(S)} = \frac{(\text{사건 } A\text{가 일어나는 경우의 수})}{(\text{일어날 수 있는 모든 경우의 수})}$$

(2) 통계적 확률 [유형 02]

같은 시행을 n번 반복할 때의 사건 A가 일어난 횟수를 r_n이라 할 때, n이 한없이 커짐에 따라 상대도수 $\dfrac{r_n}{n}$이 일정한 값 p에 가까워지면 이 값 p를 사건 A가 일어날 통계적 확률이라 한다.

개념 Plus⁺

· **시행** : 동일한 조건에서 반복할 수 있고, 그 결과가 우연에 의하여 결정되는 실험이나 관찰
· **표본공간** : 어떤 시행에서 일어날 수 있는 모든 결과의 집합
· **사건** : 표본공간의 부분집합
· **근원사건** : 표본공간의 부분집합 중에서 한 개의 원소로 이루어진 사건

개념 Feedback

· 확률의 기본 성질이란?
① 임의의 사건 A가 일어날 확률은 $0 \le P(A) \le 1$이다.
② 반드시 일어나는 사건 S가 일어날 확률은 $P(S) = 1$이다.
③ 절대로 일어나지 않는 사건 $\varnothing$이 일어날 확률은 $P(\varnothing) = 0$이다.

1. 주머니 속에 1부터 8까지의 자연수가 하나씩 적힌 8개의 공이 들어 있다.
이 주머니에서 임의로 한 개의 공을 꺼낼 때, 3의 배수가 적힌 공이 나올 확률을 구하시오.

유형 01 수학적 확률

서로 다른 두 개의 주사위를 동시에 던질 때, 다음을 구하시오.

(1) 나오는 두 눈의 수의 합이 6의 배수일 확률
(2) 나오는 두 눈의 수의 합이 4 이하일 확률

01-1 집합 $A = \{1, 2, 3, 4, 5\}$의 부분집합 중에서 임의로 하나를 택할 때, 그 부분집합이 두 원소 1, 4를 모두 포함할 확률을 구하시오.

해결 Point

집합 $\{a_1, a_2, a_3, \cdots, a_n\}$에 대하여 p개의 특정한 원소를 반드시 포함하는 부분집합의 개수는 2^{n-p}이다.

유형 02 통계적 확률

다음 표는 어느 학교 학생들을 대상으로 가장 좋아하는 과목을 조사한 것이다. 이 학교 학생 중에서 임의로 한 명을 선택할 때, 이 학생이 가장 좋아하는 과목이 수학일 확률을 구하시오.

과목	국어	영어	수학	사회	과학	음악	미술	체육	합계
학생 수(명)	12	22	28	27	10	17	32	52	200

02-1 주머니 속에 흰 공 n개, 검은 공 5개가 들어 있다. 이 주머니에서 임의로 한 개의 공을 꺼내어 색을 확인하고 다시 넣는 시행을 320번 반복하였더니 검은 공이 200번 나왔다. n의 값을 구하시오.

개념 **2** 순열을 이용하는 확률

(1) 순열을 이용하는 확률 `유형 03`

서로 다른 n개에서 r개를 택하여 일렬로 나열하는 경우의 수는

$$_n\mathrm{P}_r = n(n-1)(n-2) \times \cdots \times (n-r+1) \ (0 < r \le n)$$

임을 이용하여 해당 사건이 일어나는 경우의 수를 구하고 확률을 계산한다.

(2) 원순열을 이용하는 확률 `유형 04`

서로 다른 n개를 원형으로 배열하는 원순열의 수는

$$\frac{n!}{n} = (n-1)!$$

임을 이용하여 해당 사건이 일어나는 경우의 수를 구하고 확률을 계산한다.

개념 Plus⁺

개념 Feedback

- 서로 다른 n개에서 중복을 허용하여 r개를 택하는 중복순열의 수 ➡ $_n\Pi_r = n^r$
- n개 중에서 같은 것이 각각 p개, q개, $\cdots$, r개씩 있을 때, n개를 일렬로 나열하는 순열의 수
  ➡ $\dfrac{n!}{p! \, q! \cdots r!}$
  (단, $p+q+\cdots+r=n$)

1. A, B, C, D, E의 다섯 사람을 일렬로 세울 때, 다음을 구하시오.

(1) B를 가장 앞에 세울 확률

(2) C, E를 이웃하게 세울 확률

유형 **03** 순열을 이용하는 확률

6개의 문자 a, b, c, d, e, f를 일렬로 나열할 때, a와 f 사이에 2개의 문자가 놓일 확률을 구하시오.

• 해결 **Point** •

a와 f 사이에 2개의 문자를 놓는 경우의 수를 생각한다.

03-1 남학생 4명과 여학생 5명을 일렬로 세울 때, 양 끝에 여학생을 세울 확률은?

① $\dfrac{1}{9}$ ② $\dfrac{1}{6}$ ③ $\dfrac{2}{9}$ ④ $\dfrac{5}{18}$ ⑤ $\dfrac{1}{3}$

유형 **04** 원순열을 이용하는 확률

부모를 포함한 5명의 가족이 원형의 탁자에 둘러앉을 때, 부모가 이웃하여 앉을 확률은?

① $\dfrac{1}{6}$ ② $\dfrac{1}{4}$ ③ $\dfrac{1}{3}$ ④ $\dfrac{5}{12}$ ⑤ $\dfrac{1}{2}$

• 해결 **Point** •

부모 2명을 한 사람으로 생각하여 4명이 원형의 탁자에 둘러앉는 경우의 수와 부모가 서로 자리를 바꾸어 앉는 경우의 수를 구한다.

04-1 7명의 학생 A, B, C, D, E, F, G가 원형의 탁자에 둘러앉을 때, A, B, C가 이웃하여 앉을 확률을 구하시오.

개념 **3** 조합을 이용하는 확률

(1) 조합을 이용하는 확률 유형 05

서로 다른 n개에서 r개를 택하는 조합의 수는

$$_n\mathrm{C}_r = \frac{_n\mathrm{P}_r}{r!} = \frac{n!}{r!(n-r)!} \ (0 \le r \le n)$$

임을 이용하여 해당 사건이 일어나는 경우의 수를 구하고 확률을 계산한다.

개념 Plus

· 서로 다른 n개에서 r개를 뽑을 때,
① 특정한 k개를 포함하여 r개를 뽑는 경우의 수
➡ $_{n-k}\mathrm{C}_{r-k}$
② 특정한 k개를 제외하고 r개를 뽑는 경우의 수 ➡ $_{n-k}\mathrm{C}_r$

개념 Check

1. 남학생 2명, 여학생 3명 중에서 2명의 대표를 뽑을 때, 모두 여학생이 뽑힐 확률을 구하시오.

유형 **05** 조합을 이용하는 확률

남학생 3명, 여학생 4명 중에서 3명의 대표를 뽑을 때, 남학생 1명, 여학생 2명을 뽑을 확률은?

① $\dfrac{9}{35}$　　② $\dfrac{12}{35}$　　③ $\dfrac{3}{7}$　　④ $\dfrac{18}{35}$　　⑤ $\dfrac{3}{5}$

· 해결 Point ·

남학생 3명 중에서 1명을 뽑고, 여학생 4명 중에서 2명을 뽑는 경우의 수를 구한다.

05-1 흰 공 3개, 검은 공 5개가 들어 있는 주머니에서 임의로 2개의 공을 동시에 꺼낼 때, 모두 검은 공이 나올 확률은?

① $\dfrac{1}{14}$　　② $\dfrac{1}{7}$　　③ $\dfrac{3}{14}$　　④ $\dfrac{2}{7}$　　⑤ $\dfrac{5}{14}$

· 해결 Point ·

모두 검은 공이 나오려면 검은 공 5개 중에서 2개를 꺼낸다.

05-2 1부터 10까지의 자연수가 각각 하나씩 적힌 10장의 카드 중에서 임의로 2장의 카드를 동시에 뽑을 때, 모두 3의 배수가 적힌 카드를 뽑을 확률은?

① $\dfrac{2}{45}$　　② $\dfrac{1}{15}$　　③ $\dfrac{4}{45}$　　④ $\dfrac{1}{9}$　　⑤ $\dfrac{2}{15}$

05-3 A, B, C, D, E, F의 6명 중에서 2명의 대표를 뽑을 때, A는 포함되고 C는 포함되지 않을 확률은?

① $\dfrac{1}{5}$　　② $\dfrac{4}{15}$　　③ $\dfrac{1}{3}$　　④ $\dfrac{2}{5}$　　⑤ $\dfrac{7}{15}$

· 해결 Point ·

특정한 것을 포함하는 조합의 수를 구할 때에는 특정한 것을 이미 뽑았다고 생각하고 나머지에서 필요한 것을 뽑는다.

개념 ④ 확률의 덧셈정리 중요

(1) **확률의 덧셈정리 – 배반사건이 아닌 경우** 유형 06

표본공간 S의 두 사건 A, B에 대하여 $A \cap B \neq \varnothing$일 때, 사건 A 또는 사건 B가 일어날 확률은
$$P(A \cup B) = P(A) + P(B) - P(A \cap B)$$

(2) **확률의 덧셈정리 – 배반사건인 경우** 유형 07

표본공간 S의 두 사건 A, B가 서로 배반사건이면 사건 A 또는 사건 B가 일어날 확률은
$$P(A \cup B) = P(A) + P(B)$$

개념 Plus

• 배반사건이란?
표본공간 S의 두 사건 A, B가 동시에 일어나지 않을 때, 즉
$$A \cap B = \varnothing$$
일 때, 사건 A와 사건 B는 서로 배반사건이다.
• 표본공간 S의 두 사건 A, B가 서로 배반사건이면
$P(A \cap B) = 0$이다.

개념 Check

1. 두 사건 A, B에 대하여 $P(A) = \dfrac{2}{5}$, $P(B) = \dfrac{1}{3}$, $P(A \cap B) = \dfrac{1}{5}$일 때, $P(A \cup B)$를 구하시오.

2. 1부터 50까지의 자연수가 각각 하나씩 적힌 50장의 카드에서 임의로 한 장의 카드를 뽑을 때, 7의 배수 또는 13의 배수가 적힌 카드가 나올 확률을 구하시오.

유형 06 확률의 덧셈정리 – 배반사건이 아닌 경우

한 개의 주사위를 던질 때, 나오는 눈의 수가 2의 배수 또는 소수일 확률은?

① $\dfrac{1}{6}$ ② $\dfrac{1}{3}$ ③ $\dfrac{1}{2}$ ④ $\dfrac{2}{3}$ ⑤ $\dfrac{5}{6}$

해결 Point

눈의 수가 2의 배수이면서 소수인 경우가 있음에 주의한다.

06-1 1부터 9까지의 자연수가 각각 하나씩 적힌 9장의 카드에서 임의로 한 장의 카드를 뽑을 때, 2의 배수 또는 3의 배수가 적힌 카드가 나올 확률은?

① $\dfrac{2}{9}$ ② $\dfrac{1}{3}$ ③ $\dfrac{4}{9}$ ④ $\dfrac{5}{9}$ ⑤ $\dfrac{2}{3}$

유형 07 확률의 덧셈정리 – 배반사건인 경우

파란 구슬 3개, 빨간 구슬 7개가 들어 있는 주머니에서 임의로 2개의 구슬을 동시에 꺼낼 때, 같은 색의 구슬이 나올 확률은?

① $\dfrac{2}{15}$ ② $\dfrac{4}{15}$ ③ $\dfrac{2}{5}$ ④ $\dfrac{8}{15}$ ⑤ $\dfrac{2}{3}$

해결 Point

2개의 구슬이 모두 파란색인 사건과 모두 빨간색인 사건은 동시에 일어날 수 없으므로 두 사건은 서로 배반사건이다.

07-1 남학생 6명과 여학생 4명 중에서 대표 3명을 뽑을 때, 대표가 모두 남학생이거나 모두 여학생일 확률은?

① $\dfrac{1}{6}$ ② $\dfrac{1}{5}$ ③ $\dfrac{7}{30}$ ④ $\dfrac{4}{15}$ ⑤ $\dfrac{3}{10}$

개념 5 여사건의 확률

(1) 여사건의 확률 유형 08

① 사건 A의 여사건 A^c에 대하여
$$P(A^c)=1-P(A)$$

② ('적어도 하나~'의 확률)$=1-$(반대인 사건의 확률)

③ '적어도 ~인 사건', '~ 이상인 사건', '~ 이하인 사건' 등의 확률을 구할 때, 여사건의 확률을 이용하면 편리한 경우가 많다.

> **개념 Plus ⊕**
>
> • 여사건이란?
> 사건 A에 대하여 A가 일어나지 않는 사건을 A의 여사건이라 하고, 이것을 기호로 A^c과 같이 나타낸다.

개념 Check

1. 서로 다른 두 개의 주사위를 동시에 던질 때, 나오는 두 눈의 수가 서로 다를 확률을 구하시오.

2. 서로 다른 두 개의 동전을 동시에 던질 때, 적어도 한 개는 앞면이 나올 확률을 구하시오.

유형 08 여사건의 확률

흰 구슬 6개, 붉은 구슬 4개가 들어 있는 주머니에서 3개의 구슬을 동시에 꺼낼 때, 적어도 한 개가 흰 구슬일 확률은?

① $\dfrac{5}{6}$　　② $\dfrac{13}{15}$　　③ $\dfrac{9}{10}$　　④ $\dfrac{14}{15}$　　⑤ $\dfrac{29}{30}$

> **해결 Point**
>
> '적어도 ~인' 사건은 여사건의 확률을 이용한다.

08-1 어떤 상자에 들어 있는 12개의 전구 중에서 3개의 전구는 불량품이다. 이 상자에서 임의로 6개의 전구를 동시에 꺼낼 때, 적어도 한 개가 불량품일 확률은?

① $\dfrac{6}{11}$　　② $\dfrac{7}{11}$　　③ $\dfrac{8}{11}$　　④ $\dfrac{9}{11}$　　⑤ $\dfrac{10}{11}$

08-2 1부터 8까지의 자연수가 각각 하나씩 적힌 8장의 카드가 들어 있는 상자에서 임의로 2장의 카드를 동시에 뽑을 때, 카드에 적힌 수의 곱이 짝수일 확률은?

① $\dfrac{9}{14}$　　② $\dfrac{5}{7}$　　③ $\dfrac{11}{14}$　　④ $\dfrac{6}{7}$　　⑤ $\dfrac{13}{14}$

> **해결 Point**
>
> 두 수의 곱이 짝수이려면 두 수 중 적어도 하나가 짝수이어야 한다.

08-3 서로 다른 네 개의 동전을 동시에 던질 때, 뒷면이 2개 이상 나올 확률은?

① $\dfrac{1}{8}$　　② $\dfrac{5}{16}$　　③ $\dfrac{1}{2}$　　④ $\dfrac{11}{16}$　　⑤ $\dfrac{7}{8}$

> **해결 Point**
>
> 뒷면이 2개 이상 나오는 사건의 여사건은 모두 앞면이 나오거나 뒷면이 1개 나오는 사건이다.

대표 유형 다지기

정답과 풀이 17쪽

01

서로 다른 수학 문제집 3권과 서로 다른 영어 문제집 4권을 책
꽂이에 한 줄로 꽂을 때, 수학 문제집 3권끼리 이웃할 확률은?

① $\dfrac{1}{7}$ ② $\dfrac{2}{7}$ ③ $\dfrac{3}{7}$

④ $\dfrac{4}{7}$ ⑤ $\dfrac{5}{7}$

02

어른 5명과 어린이 2명을 일렬로 세울 때, 앞에서부터 두 자리
에는 어른을 세울 확률은?

① $\dfrac{10}{21}$ ② $\dfrac{11}{21}$ ③ $\dfrac{4}{7}$

④ $\dfrac{13}{21}$ ⑤ $\dfrac{2}{3}$

03

오른쪽 그림과 같이 중심이 모두 같고 반지
름의 길이가 각각 1, 2, 3인 세 원으로 이루
어진 과녁에 화살을 쏠 때, 색칠한 부분을
맞힐 확률을 구하시오. (단, 화살은 과녁을
벗어나지 않고, 경계선에 맞지 않는다.)

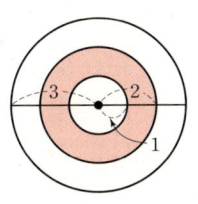

04

남학생 4명, 여학생 3명이 원형의 탁자에 둘러앉을 때, 여학생
끼리 이웃하지 않게 앉을 확률은?

① $\dfrac{1}{15}$ ② $\dfrac{2}{15}$ ③ $\dfrac{1}{5}$

④ $\dfrac{4}{15}$ ⑤ $\dfrac{1}{3}$

05 중요

4명의 학생이 A, B, C, D, E의 5개의 호텔에 투숙하려고 한
다. 4명의 학생이 모두 서로 다른 호텔에 투숙할 확률은?

① $\dfrac{4}{25}$ ② $\dfrac{22}{125}$ ③ $\dfrac{24}{125}$

④ $\dfrac{26}{125}$ ⑤ $\dfrac{28}{125}$

06

6개의 문자 P, E, O, P, L, E를 일렬로 나열할 때, 모든 모음
끼리 이웃할 확률은?

① $\dfrac{1}{6}$ ② $\dfrac{1}{5}$ ③ $\dfrac{7}{30}$

④ $\dfrac{4}{15}$ ⑤ $\dfrac{3}{10}$

07

남학생 5명, 여학생 4명으로 이루어진 동아리에서 대표 4명을
뽑으려고 한다. 동아리 대표로 남학생 3명, 여학생 1명을 뽑을
확률이 $\dfrac{q}{p}$일 때, $p+q$의 값을 구하시오.

(단, p와 q는 서로소인 자연수이다.)

08

민혁이와 현이를 포함한 32명의 학생 중에서 4명을 달리기 선
수로 선발할 때, 선발한 4명의 학생에 민혁이는 포함되고 현이
는 포함되지 않을 확률은?

① $\dfrac{3}{31}$ ② $\dfrac{7}{62}$ ③ $\dfrac{4}{31}$

④ $\dfrac{9}{62}$ ⑤ $\dfrac{5}{31}$

09

1부터 8까지의 자연수가 각각 하나씩 적힌 8장의 카드 중에서 3장의 카드를 동시에 뽑을 때, 카드에 적힌 수의 곱이 9의 배수일 확률은?

① $\dfrac{1}{28}$ ② $\dfrac{1}{14}$ ③ $\dfrac{3}{28}$

④ $\dfrac{1}{7}$ ⑤ $\dfrac{5}{28}$

10

두 사건 A, B에 대하여

$$P(A)=\dfrac{1}{2}, \; P(B)=\dfrac{1}{4}, \; P(A \cup B)=\dfrac{5}{8}$$

일 때, $P(A^C \cap B)$를 구하시오. (단, A^C은 A의 여사건이다.)

11

한 개의 주사위를 던질 때, 나오는 눈의 수가 3의 배수 또는 4 이상일 확률은?

① $\dfrac{1}{6}$ ② $\dfrac{1}{3}$ ③ $\dfrac{1}{2}$

④ $\dfrac{2}{3}$ ⑤ $\dfrac{5}{6}$

12

두 사건 A, B는 서로 배반사건이고

$$P(A \cup B)=\dfrac{3}{4}, \; P(B)=3P(A)$$

일 때, $P(B)$는?

① $\dfrac{3}{8}$ ② $\dfrac{7}{16}$ ③ $\dfrac{1}{2}$

④ $\dfrac{9}{16}$ ⑤ $\dfrac{5}{8}$

13

1부터 10까지의 자연수가 각각 하나씩 적힌 10장의 카드가 들어 있는 상자에서 임의로 3장의 카드를 동시에 꺼낼 때, 카드에 적힌 수의 합이 홀수일 확률은?

① $\dfrac{1}{2}$ ② $\dfrac{7}{12}$ ③ $\dfrac{2}{3}$

④ $\dfrac{3}{4}$ ⑤ $\dfrac{5}{6}$

14

붉은 구슬 5개, 푸른 구슬 3개가 들어 있는 주머니에서 임의로 4개의 구슬을 동시에 꺼낼 때, 붉은 구슬이 푸른 구슬보다 많을 확률은?

① $\dfrac{3}{14}$ ② $\dfrac{5}{14}$ ③ $\dfrac{1}{2}$

④ $\dfrac{9}{14}$ ⑤ $\dfrac{11}{14}$

15 중요

파란 구슬 3개, 빨간 구슬 7개가 들어 있는 주머니에서 임의로 3개의 구슬을 동시에 꺼낼 때, 적어도 한 개의 파란 구슬이 나올 확률은 $\dfrac{q}{p}$이다. $p+q$의 값을 구하시오.

(단, p와 q는 서로소인 자연수이다.)

16

남학생 2명과 여학생 4명을 일렬로 세울 때, 적어도 한쪽 끝에는 남학생을 세울 확률은?

① $\dfrac{3}{10}$ ② $\dfrac{2}{5}$ ③ $\dfrac{1}{2}$

④ $\dfrac{3}{5}$ ⑤ $\dfrac{7}{10}$

02 | 조건부확률

개념 ① 조건부확률

(1) 조건부확률

두 사건 A, B에 대하여 확률이 0이 아닌 사건 A가 일어났다고 가정할 때 사건 B가 일어날 확률을 사건 A가 일어났을 때의 사건 B의 조건부확률이라 하고, 이것을 기호로 $P(B|A)$와 같이 나타낸다.

(2) 조건부확률의 계산 — 유형 **01, 02**

사건 A가 일어났을 때의 사건 B의 조건부확률은

$$P(B|A) = \frac{P(A \cap B)}{P(A)} \ (단, \ P(A) > 0)$$

> **개념 Plus⁺**
>
> • 조건부확률 $P(B|A)$는 사건 A를 새로운 표본공간으로 생각할 때 사건 $A \cap B$가 일어날 확률이므로
>
> $$P(B|A) = \frac{n(A \cap B)}{n(A)}$$
> $$= \frac{\frac{n(A \cap B)}{n(S)}}{\frac{n(A)}{n(S)}}$$
> $$= \frac{P(A \cap B)}{P(A)}$$

개념 Check

1. 한 개의 주사위를 던져서 나오는 눈의 수가 소수인 사건을 A, 짝수인 사건을 B라 할 때, 다음을 구하시오.
  (1) $P(A \cap B)$
  (2) $P(B|A)$

유형 ① 조건부확률의 계산

두 사건 A, B에 대하여 $P(A) = \dfrac{3}{10}$, $P(B) = \dfrac{3}{5}$, $P(A \cup B) = \dfrac{4}{5}$일 때, $P(B|A)$를 구하시오.

> **• 해결 Point •**
> $P(A \cap B)$
> $= P(A) + P(B) - P(A \cup B)$

01-1 두 사건 A, B에 대하여 $P(A) = \dfrac{3}{5}$, $P(B) = \dfrac{1}{2}$, $P(A^c \cap B^c) = \dfrac{1}{10}$일 때, $P(A|B)$를 구하시오. (단, A^c은 A의 여사건이다.)

> **• 해결 Point •**
> $A^c \cap B^c = (A \cup B)^c$임을 이용한다.

유형 ② 조건부확률

P회사의 제품 20개 중에서 불량품은 3개이고, Q회사의 제품 20개 중에서 불량품은 4개이다. 40개의 제품 중에서 임의로 뽑은 1개의 제품이 불량품일 때, P회사의 제품일 확률을 구하시오.

> **• 해결 Point •**
> 불량품을 뽑는 사건을 A, P회사의 제품을 뽑는 사건을 B로 놓고 $P(B|A)$를 구한다.

02-1 오른쪽 표는 어느 1학년 학급의 학생 36명에 대하여 선호하는 과목을 조사한 것이다. 이 학급에서 임의로 남학생 한 명을 뽑을 때, 그 학생이 수학을 선호하는 학생일 확률을 구하시오.

(단위 : 명)

	남학생	여학생
수학	12	8
영어	10	6

개념 ② 확률의 곱셈정리 중요

(1) **확률의 곱셈정리** (1) 유형 03

두 사건 A, B에 대하여 $P(A)>0$, $P(B)>0$일 때

$$P(A \cap B)=P(A)P(B|A)=P(B)P(A|B)$$

(2) **확률의 곱셈정리** (2) 유형 04

두 사건 A, E에 대하여 $A \cap E$, $A^c \cap E$는 서로 배반사건이므로

$$P(E)=P(A \cap E)+P(A^c \cap E)$$
$$=P(A)P(E|A)+P(A^c)P(E|A^c)$$

개념 Plus ➕

· 두 사건 A, E에 대하여
$$P(A|E)$$
$$=\frac{P(A \cap E)}{P(A \cap E)+P(A^c \cap E)}$$

개념 Feedback

· 배반사건이란?
표본공간 S의 두 사건 A, B가 동시에 일어나지 않을 때, 즉
$$A \cap B=\varnothing$$
일 때, 사건 A와 사건 B는 서로 배반사건이다.

개념 Check

1. 두 사건 A, B에 대하여 $P(A)=\dfrac{3}{5}$, $P(B)=\dfrac{1}{2}$, $P(B|A)=\dfrac{2}{9}$일 때, 다음을 구하시오.

(1) $P(A \cap B)$　　　　　　(2) $P(A|B)$

유형 03 확률의 곱셈정리 (1)

불량품 3개를 포함한 10개의 핸드폰 중에서 2개를 순서대로 뽑아서 검사할 때, 첫 번째 검사에서는 불량품이, 두 번째 검사에서는 정품이 나올 확률은?

(단, 검사한 핸드폰은 다시 검사하지 않는다.)

① $\dfrac{1}{30}$　　② $\dfrac{1}{10}$　　③ $\dfrac{1}{6}$　　④ $\dfrac{7}{30}$　　⑤ $\dfrac{3}{10}$

03-1 5개의 당첨 제비를 포함한 20개의 제비가 들어 있는 상자에서 윤아, 지원의 순서대로 제비를 하나씩 뽑을 때, 두 사람 모두 당첨 제비를 뽑을 확률을 구하시오.

(단, 뽑은 제비는 다시 넣지 않는다.)

· 해결 Point ·

윤아가 당첨 제비를 뽑는 사건을 A, 지원이가 당첨 제비를 뽑는 사건을 B로 놓고 $P(A \cap B)$를 구한다.

유형 04 확률의 곱셈정리 (2)

흰 공 3개, 검은 공 4개가 들어 있는 주머니에서 갑, 을의 순서대로 공을 한 개씩 꺼낼 때, 을이 흰 공을 꺼낼 확률은? (단, 꺼낸 공은 다시 넣지 않는다.)

① $\dfrac{1}{7}$　　② $\dfrac{2}{7}$　　③ $\dfrac{3}{7}$　　④ $\dfrac{4}{7}$　　⑤ $\dfrac{5}{7}$

· 해결 Point ·

갑이 흰 공을 꺼내는 경우와 검은 공을 꺼내는 경우로 나누어서 생각한다.

04-1 비가 온 날의 다음 날에 비가 올 확률은 $\dfrac{1}{3}$이고, 비가 오지 않은 날의 다음 날에 비가 올 확률은 $\dfrac{1}{10}$이라 한다. 월요일에 비가 왔을 때, 같은 주 수요일에 비가 올 확률을 구하시오.

개념 ③ 독립사건의 확률

(1) 사건의 독립과 종속 [유형 05, 06]

① 두 사건 A, B에 대하여 사건 A가 일어나거나 일어나지 않는 것이 사건 B가 일어날 확률에 영향을 주지 않을 때, 즉
$$\mathrm{P}(B|A)=\mathrm{P}(B|A^C)=\mathrm{P}(B)$$
일 때, 사건 A와 사건 B는 서로 독립이라고 한다.

② 두 사건 A, B가 서로 독립이 아닐 때, 두 사건 A, B는 서로 종속이라 한다.

③ 두 사건 A, B가 서로 독립이기 위한 필요충분조건은
$$\mathrm{P}(A\cap B)=\mathrm{P}(A)\mathrm{P}(B) \text{ (단, } \mathrm{P}(A)>0, \mathrm{P}(B)>0)$$

> **개념 Plus ➕**
> • 두 사건 A, B가 서로 독립이면
> A^C와 B,
> A와 B^C,
> A^C와 B^C
> 도 각각 서로 독립이다.

개념 Check

1. 두 사건 A, B가 서로 독립이고, $\mathrm{P}(A)=0.2$, $\mathrm{P}(B)=0.3$일 때, $\mathrm{P}(A\cap B)$를 구하시오.

2. 주사위 한 개와 동전 한 개를 동시에 던질 때, 주사위는 짝수의 눈이 나오고 동전은 앞면이 나올 확률을 구하시오.

유형 05 독립사건의 확률의 계산

두 사건 A, B가 서로 독립이고 $\mathrm{P}(A)=\dfrac{1}{5}$, $\mathrm{P}(B)=\dfrac{1}{3}$일 때, $\mathrm{P}(A\cup B)$는?

① $\dfrac{1}{15}$ ② $\dfrac{1}{5}$ ③ $\dfrac{1}{3}$ ④ $\dfrac{7}{15}$ ⑤ $\dfrac{3}{5}$

> **• 해결 Point •**
> 두 사건 A, B가 서로 독립이므로
> $\mathrm{P}(A\cap B)=\mathrm{P}(A)\mathrm{P}(B)$임을 이용한다.

05-1 두 사건 A, B가 서로 독립이고 $\mathrm{P}(B|A)=\dfrac{2}{3}$, $\mathrm{P}(A^C\cap B^C)=\dfrac{1}{6}$일 때, $\mathrm{P}(A\cap B)$는?

(단, A^C은 A의 여사건이다.)

① $\dfrac{1}{6}$ ② $\dfrac{1}{3}$ ③ $\dfrac{1}{2}$ ④ $\dfrac{2}{3}$ ⑤ $\dfrac{5}{6}$

> **• 해결 Point •**
> 두 사건 A, B가 서로 독립이므로
> 두 사건 A^C, B^C도 서로 독립이다.

유형 06 독립사건의 확률

주머니 A에는 붉은 구슬 4개, 파란 구슬 6개가 들어 있고, 주머니 B에는 붉은 구슬 3개, 파란 구슬 4개가 들어 있다. 두 주머니 A, B에서 각각 임의로 한 개의 구슬을 꺼낼 때, 두 개 모두 파란 구슬일 확률은?

① $\dfrac{4}{35}$ ② $\dfrac{6}{35}$ ③ $\dfrac{8}{35}$ ④ $\dfrac{2}{7}$ ⑤ $\dfrac{12}{35}$

> **• 해결 Point •**
> 주머니 A에서 파란 구슬을 꺼내는 사건을 A, 주머니 B에서 파란 구슬을 꺼내는 사건을 B라 하면 A, B는 서로 독립이다.

06-1 명중률이 각각 $\dfrac{3}{4}$, $\dfrac{2}{3}$인 두 사격 선수 A, B가 표적을 향해 각각 한 발씩 쏘았을 때, 적어도 한 사람 이상 명중시킬 확률은? (단, A, B가 표적을 명중시키는 사건은 서로 독립이다.)

① $\dfrac{7}{12}$ ② $\dfrac{2}{3}$ ③ $\dfrac{3}{4}$ ④ $\dfrac{5}{6}$ ⑤ $\dfrac{11}{12}$

개념 **4** 독립시행의 확률

(1) 독립시행

동일한 시행을 반복하는 경우에 각 시행에서 일어나는 사건이 서로 독립일 때, 이러한 시행을 독립시행이라 한다.

(2) 독립시행의 확률 유형 07, 08

1회의 시행에서 사건 A가 일어날 확률이 p일 때, n회의 독립시행에서 사건 A가 r회 일어날 확률은

① $_n\mathrm{C}_r p^r (1-p)^{n-r}$ (단, $r=1, 2, \cdots, n-1$)

② $r=0$일 때, $(1-p)^n$

③ $r=n$일 때, p^n

> **개념 Plus ➕**
>
> • 독립시행의 특징
> ① 같은 시행을 여러 번 반복한다.
> ② 각 시행에서 어떤 사건이 일어날 확률이 항상 일정하다.

 **개념 Check**

1. 한 개의 동전을 3회 던질 때, 앞면이 2회 나올 확률을 구하시오.

2. 한 개의 주사위를 4회 던질 때, 3의 배수의 눈이 3회 나올 확률을 구하시오.

유형 **07** 독립시행의 확률 (1)

각 면에 1부터 4까지의 숫자가 각각 하나씩 적힌 정사면체를 네 번 던질 때, 숫자 3이 두 번 나올 확률은? (단, 바닥에 닿은 면에 적힌 숫자를 읽는다.)

① $\dfrac{27}{128}$ ② $\dfrac{15}{64}$ ③ $\dfrac{33}{128}$ ④ $\dfrac{9}{32}$ ⑤ $\dfrac{39}{128}$

07-1 타율이 2할 5푼인 야구 선수가 타석에 네 번 섰을 때, 적어도 한 타석에서 안타를 칠 확률은?

① $\dfrac{5}{8}$ ② $\dfrac{165}{256}$ ③ $\dfrac{85}{128}$ ④ $\dfrac{175}{256}$ ⑤ $\dfrac{45}{64}$

> • 해결 **Point** •
>
> '적어도 ~'가 있을 때에는 여사건의 확률을 이용한다.

유형 **08** 독립시행의 확률 (2)

자유투 성공률이 $\dfrac{4}{5}$인 농구 선수가 자유투를 세 번 던질 때, 두 번 이상 성공할 확률은?

① $\dfrac{22}{25}$ ② $\dfrac{112}{125}$ ③ $\dfrac{23}{25}$ ④ $\dfrac{118}{125}$ ⑤ $\dfrac{24}{25}$

> • 해결 **Point** •
>
> 자유투를 두 번 성공할 확률과 세 번 성공할 확률을 구한 다음 확률의 덧셈정리를 이용한다.

08-1 어느 양궁 선수가 10점 과녁을 맞힐 확률은 $\dfrac{3}{4}$이라 한다. 이 선수가 화살을 3번 쏘았을 때, 2번 이상 10점 과녁에 맞힐 확률을 구하시오.

대표 유형 다지기

정답과 풀이 21쪽

01

두 사건 A, B에 대하여

$$P(A \cup B) = \frac{5}{6}, \quad P(B) = \frac{1}{2}$$

일 때, $P(A|B^C)$은? (단, B^C은 B의 여사건이다.)

① $\frac{1}{6}$ ② $\frac{1}{3}$ ③ $\frac{1}{2}$

④ $\frac{2}{3}$ ⑤ $\frac{5}{6}$

02 중요

어느 학급에서 학생들의 혈액형을 조사하였더니 AB형인 학생은 전체의 20 %이었고, 남학생 중에서 AB형인 학생은 전체의 5 %이었다. 이 학급 학생들 중에서 임의로 뽑은 학생의 혈액형이 AB형이었을 때, 그 학생이 남학생일 확률은?

① $\frac{1}{8}$ ② $\frac{1}{4}$ ③ $\frac{3}{8}$

④ $\frac{1}{2}$ ⑤ $\frac{5}{8}$

03

오른쪽 표는 학생 20명으로 이루어진 어느 동아리에서 동아리 모임의 참석 여부를 조사한 것이다. 동아리 학생들 중에서 임의로 뽑은 학생이 여학생이었을 때, 이 학생이 모임에 참석한 학생일 확률이 $\frac{q}{p}$이다. $p+q$의 값을 구하시오. (단, p와 q는 서로소인 자연수이다.)

	남학생	여학생
참석	7	4
불참석	3	6

(단위 : 명)

04

남학생 18명, 여학생 16명으로 이루어진 어느 학급의 전체 학생을 대상으로 두 영화 M, N의 선호도를 조사하였더니 남학생 중에서 M영화를 선택한 학생은 12명이고, 여학생 중에서 N영화를 선택한 학생은 7명이었다. 이 학급 학생들 중에서 임의로 뽑은 한 명이 M영화를 선택한 학생이었을 때, 그 학생이 남학생일 확률을 구하시오.

(단, 모든 학생은 M, N 중에서 한 영화만 선택한다.)

05

흰 공 8개, 검은 공 3개가 들어 있는 주머니에서 임의로 공을 한 개씩 두 번 꺼낼 때, 첫 번째는 흰 공, 두 번째는 검은 공이 나올 확률은? (단, 꺼낸 공은 다시 넣지 않는다.)

① $\frac{1}{5}$ ② $\frac{12}{55}$ ③ $\frac{13}{55}$

④ $\frac{14}{55}$ ⑤ $\frac{3}{11}$

06

10개의 송편 중에서 4개에는 깨가 들어 있고, 6개에는 콩이 들어 있다. 민경, 지연의 순서대로 송편을 한 개씩 먹을 때, 민경이는 깨가 들어 있는 송편을 먹고, 지연이는 콩이 들어 있는 송편을 먹을 확률을 구하시오.

07

어떤 의사가 암에 걸린 사람을 암에 걸렸다고 진단할 확률은 90 %이고, 암에 걸리지 않은 사람을 암에 걸렸다고 오진할 확률은 4 %이다. 암에 걸린 사람과 걸리지 않은 사람의 비율이 각각 15 %, 85 %인 집단에서 임의로 한 사람을 택하여 의사가 진단했을 때, 그 사람을 암에 걸렸다고 진단할 확률은?

① 0.166 ② 0.167 ③ 0.168

④ 0.169 ⑤ 0.17

08 중요

A주머니에는 빨간 공 3개, 파란 공 4개가 들어 있고, B주머니에는 빨간 공 2개, 파란 공 3개가 들어 있다. A주머니에서 임의로 한 개의 공을 꺼내어 B주머니에 넣고 잘 섞은 후 B주머니에서 임의로 한 개의 공을 꺼낼 때, 파란 공이 나올 확률을 구하시오.

09

빨간 상자에는 흰 공 2개, 검은 공 4개가 들어 있고, 파란 상자에는 흰 공 3개, 검은 공 2개가 들어 있다. 임의로 상자 하나를 택하여 2개의 공을 동시에 꺼냈더니 같은 색의 공이 나왔을 때, 그 공을 파란 상자에서 꺼냈을 확률은?

① $\dfrac{4}{13}$　　　　② $\dfrac{5}{13}$　　　　③ $\dfrac{6}{13}$

④ $\dfrac{7}{13}$　　　　⑤ $\dfrac{8}{13}$

10

노란 주머니에는 홀수가 적힌 공 4개, 짝수가 적힌 공 3개가 들어 있고, 파란 주머니에는 홀수가 적힌 공 3개, 짝수가 적힌 공 2개가 들어 있다. 두 주머니에서 각각 임의로 한 개의 공을 꺼낼 때, 모두 홀수가 적힌 공이 나올 확률을 구하시오.

11 (중요)

한 개의 주사위를 던져 홀수의 눈이 나오는 사건을 A, 소수의 눈이 나오는 사건을 B, 3의 약수의 눈이 나오는 사건을 C라 하자. 〈보기〉에서 서로 독립인 사건만을 있는 대로 고른 것은?

보기
ㄱ. A와 B　　　　ㄴ. B와 C　　　　ㄷ. A와 C

① ㄴ　　　　② ㄷ　　　　③ ㄱ, ㄴ

④ ㄴ, ㄷ　　　　⑤ ㄱ, ㄴ, ㄷ

12 (중요)

두 사건 A, B가 서로 독립이고

$$\mathrm{P}(A)=\mathrm{P}(B),\ \mathrm{P}(A)+\mathrm{P}(B)=\dfrac{2}{3}$$

일 때, $\mathrm{P}(A^C \cap B^C)$을 구하시오.
（단, A^C, B^C은 각각 A, B의 여사건이다.）

13

세 사건 A, B, C에 대하여 두 사건 A, B는 서로 배반이고 두 사건 A, C는 서로 독립이다.

$$\mathrm{P}(A \cup B)=\dfrac{2}{3},\ \mathrm{P}(A \cap C)=\dfrac{1}{4},\ \mathrm{P}(C)=\dfrac{1}{2}$$

일 때, $\mathrm{P}(B)$는?

① $\dfrac{1}{6}$　　　　② $\dfrac{1}{5}$　　　　③ $\dfrac{1}{4}$

④ $\dfrac{1}{3}$　　　　⑤ $\dfrac{1}{2}$

14

완치율이 75 %인 의약품으로 네 명의 환자를 치료할 때, 적어도 한 명이 완치될 확률은 $\dfrac{q}{p}$이다. $p+q$의 값을 구하시오.
（단, p와 q는 서로소인 자연수이다.）

15 (중요)

서로 다른 두 개의 주사위를 동시에 던지는 시행을 8회 반복할 때, 나오는 두 눈의 수의 합이 짝수인 경우가 5회 나올 확률은?

① $\dfrac{3}{32}$　　　　② $\dfrac{1}{8}$　　　　③ $\dfrac{5}{32}$

④ $\dfrac{3}{16}$　　　　⑤ $\dfrac{7}{32}$

16

1부터 8까지의 자연수가 각각 하나씩 적힌 8개의 공이 들어 있는 상자에서 임의로 한 개의 공을 꺼낼 때, 홀수가 적힌 공이 나오면 동전을 3번, 짝수가 적힌 공이 나오면 동전을 4번 던지는 게임이 있다. 이 게임에서 동전의 앞면이 3번 나올 확률이 $\dfrac{q}{p}$일 때, $p+q$의 값을 구하시오.
（단, p와 q는 서로소인 자연수이다.）

III

통계

개념 ① 확률질량함수

(1) 확률질량함수와 확률분포

이산확률변수 X가 가지는 값이 x_1, x_2, x_3, $\cdots$, x_n이고, X가 이 값들을 가질 확률을 각각

$$P(X=x_i)=p_i \ (i=1, 2, 3, \cdots, n)$$

라 할 때, x_i와 p_i 사이의 대응 관계를 이산확률변수 X의 확률질량함수라 한다. 확률질량함수의 대응 관계는 식, 표 또는 그래프로 나타낼 수 있고, 이를 이산확률변수 X의 확률분포라 한다.

(2) 확률질량함수의 성질 유형 01

이산확률변수 X의 확률질량함수 $P(X=x_i)=p_i \ (i=1, 2, 3, \cdots, n)$는 어떤 사건에 대한 확률이므로 확률의 기본 성질에 의하여 다음이 성립한다.

① $0 \leq p_i \leq 1 \ (i=1, 2, 3, \cdots, n)$
② $p_1+p_2+p_3+\cdots+p_n=1$
③ $P(x_i \leq X \leq x_j)=p_i+p_{i+1}+p_{i+2}+\cdots+p_j$ (단, i, $j=1, 2, 3, \cdots, n$이고, $i \leq j$)

> **개념 Plus⁺**
> • 어떤 시행에서 표본공간의 각 원소에 하나의 실수를 대응시킨 함수를 확률변수라 한다.
> • 확률변수 X가 가지는 값이 유한개 있거나 자연수와 같이 셀 수 있을 때, X를 이산확률변수라 한다.
> • 이산확률변수 X가 어떤 값 x를 가질 확률을 기호로 $P(X=x)$와 같이 나타낸다.

개념 Check

1. 파란 구슬 5개와 빨간 구슬 2개가 들어 있는 주머니에서 임의로 3개의 구슬을 동시에 꺼낼 때, 빨간 구슬의 개수를 확률변수 X라 하자. X가 가지는 값을 모두 구하시오.

유형 ①1 확률질량함수의 성질

확률변수 X의 확률분포가 오른쪽 표와 같을 때, 상수 a의 값을 구하시오.

X	-1	0	1	합계
$P(X=x)$	$2a^2$	$\dfrac{a}{2}$	$\dfrac{a}{2}$	1

> • 해결 Point •
> 확률의 총합은 1이다.

01-1 확률변수 X의 확률질량함수가

$$P(X=x)=ax^2 \ (x=1, 2)$$

일 때, 상수 a의 값을 구하시오.

01-2 확률변수 X의 확률질량함수가

$$P(X=x)=\frac{k}{{}_4C_x} \ (x=1, 2, 3, 4)$$

일 때, 상수 k의 값을 구하시오.

01-3 확률변수 X의 확률분포가 오른쪽 표와 같을 때, 다음을 구하시오.

X	0	1	2	3	합계
$P(X=x)$	a	$2a$	$2a$	$3a$	1

(1) 상수 a의 값

(2) $P(2 \leq X \leq 3)$

 개념 **2** 확률분포와 확률

(1) 확률분포와 확률 유형 02

이산확률변수 X의 확률분포가 주어지지 않은 경우, 확률변수 X가 가질 수 있는 모든 값을 찾고, 확률변수 X가 각 값을 가질 확률을 구하여 확률변수 X의 확률분포를 표로 나타낸다.

> **개념 Plus➕**
> • 확률변수 X가 각 값을 가질 확률
> 은 경우의 수 또는 순열과 조합을
> 이용하여 구한다.

 **개념 Check**

1. 확률변수 X의 확률분포가 오른쪽 표와 같을 때, 다음을 구하시오.
(1) $P(X=2)$
(2) $P(1 \le X \le 2)$

X	1	2	3	합계
$P(X=x)$	$\frac{1}{6}$	$\frac{1}{2}$	$\frac{1}{3}$	1

유형 **02** 확률분포와 확률

각 면에 1, 1, 1, 2, 2, 3의 숫자가 하나씩 적힌 주사위를 한 번 던져서 나오는 눈의 수를 확률변수 X라 할 때, 다음을 구하시오.

(1) X의 확률분포를 표로 나타내시오.
(2) $P(X=1)$
(3) $P(X^2-4X+4=0)$

> **•해결 Point•**
> X가 가질 수 있는 값은
> 1, 2, 3이다.

02-1 3개의 사탕과 5개의 초콜릿이 들어 있는 상자에서 임의로 4개를 동시에 꺼낼 때, 나오는 사탕의 개수를 확률변수 X라 하자. $P(X^2-3X+2 \le 0)$은?

① $\frac{1}{7}$ ② $\frac{2}{7}$ ③ $\frac{5}{14}$ ④ $\frac{11}{14}$ ⑤ $\frac{6}{7}$

> **•해결 Point•**
> X가 가질 수 있는 값은
> 0, 1, 2, 3이다.

02-2 세 개의 숫자 1, 2, 3이 각각 하나씩 적힌 3장의 카드 중에서 임의로 2장을 동시에 뽑을 때, 카드에 적힌 두 수의 차를 확률변수 X라 하자. $P(X^2-2X+1=0)$은?

① $\frac{2}{3}$ ② $\frac{1}{2}$ ③ $\frac{1}{3}$ ④ $\frac{1}{4}$ ⑤ $\frac{1}{6}$

02-3 남학생과 4명과 여학생 5명 중에서 글짓기 대회에 나갈 3명을 임의로 선발할 때, 선발되는 여학생의 수를 확률변수 X라 하자. $P(X \ge a) = \frac{25}{42}$일 때, 정수 a의 값을 구하시오.

개념 ③ 이산확률변수의 평균, 분산, 표준편차

(1) 이산확률변수의 평균, 분산, 표준편차 유형 03, 04

이산확률변수 X의 확률질량함수가 $P(X=x_i)=p_i$ $(i=1, 2, 3, \cdots, n)$일 때, X의 기댓값(평균)
과 분산 및 표준편차는 다음과 같다.

① 기댓값(평균) : $E(X)=x_1p_1+x_2p_2+x_3p_3+\cdots+x_np_n$

② 분산 : $V(X)=E((X-m)^2)=E(X^2)-\{E(X)\}^2$ (단, $m=E(X)$)

③ 표준편차 : $\sigma(X)=\sqrt{V(X)}$

개념 Plus ⊕
• $\sigma(X)$는 $V(X)$의 양의 제곱근
이다.

개념 Feedback
• 분산이란?
평균을 대푯값으로 사용할 때,
산포도 중에서 편차의 제곱의
평균

1. 확률변수 X의 확률분포가 오른쪽 표와 같을 때,
다음을 구하시오.

(1) $E(X)$　　(2) $E(X^2)$　　(3) $V(X)$

X	1	2	3	합계
$P(X=x)$	$\dfrac{5}{12}$	$\dfrac{1}{4}$	$\dfrac{1}{3}$	1

유형 ③ 이산확률변수의 평균, 분산, 표준편차 (1)

확률변수 X의 확률질량함수가

$$P(X=x)=\frac{x}{15}\ (x=1, 2, 3, 4, 5)$$

일 때, 다음을 구하시오.

(1) $E(X)$　　　　　(2) $V(X)$　　　　　(3) $\sigma(X)$

해결 Point
$E(X)=x_1p_1+x_2p_2+\cdots+x_np_n$
$V(X)=E(X^2)-\{E(X)\}^2$

03-1 확률변수 X의 확률분포가 오른쪽 표와
같을 때, $E(X)$, $V(X)$를 각각 구하시
오.

X	1	2	3	4	합계
$P(X=x)$	$\dfrac{2}{5}$	$\dfrac{3}{10}$	a	$\dfrac{1}{10}$	1

유형 ④ 이산확률변수의 평균, 분산, 표준편차 (2)

당첨 복권 2장이 포함된 10장의 복권 중에서 3장의 복권을 동시에 뽑을 때, 나오는 당첨 복권의
장수를 확률변수 X라 하자. 다음을 구하시오.

(1) $E(X)$　　　　　(2) $V(X)$　　　　　(3) $\sigma(X)$

04-1 한 개의 동전을 던져 앞면이 나오면 1점, 뒷면이 나오면 2점을 얻는다고 한다. 이 시행을 3회
반복한 후 얻은 총 점수를 확률변수 X라 할 때, $\sigma(X)$는?

① $\dfrac{\sqrt{2}}{2}$　　　② $\dfrac{\sqrt{3}}{2}$　　　③ 1　　　④ $\dfrac{\sqrt{5}}{2}$　　　⑤ $\dfrac{\sqrt{6}}{2}$

개념 **4** 확률변수 $aX+b$의 평균, 분산, 표준편차

(1) **확률변수 $aX+b$의 평균, 분산, 표준편차** 유형 05, 06

확률변수 X와 상수 a $(a\neq0)$, b에 대하여

① 평균 : $\mathrm{E}(aX+b)=a\mathrm{E}(X)+b$

② 분산 : $\mathrm{V}(aX+b)=a^2\mathrm{V}(X)$

③ 표준편차 : $\sigma(aX+b)=|a|\sigma(X)$

개념 Plus ➕

• 자료의 각 변량이 똑같이 $+b$만큼 변해도 자료들이 평균 주위에 흩어져 있는 정도는 변하지 않으므로 분산과 표준편차의 값은 $+b$의 영향을 받지 않는다.

개념 Check

1. 확률변수 X에 대하여 $\mathrm{E}(X)=10$, $\mathrm{V}(X)=5$일 때, 다음을 구하시오.

(1) $\mathrm{E}(3X+2)$　　　　(2) $\mathrm{V}(3X+2)$　　　　(3) $\sigma(3X+2)$

유형 **05** 확률변수 $aX+b$의 평균, 분산, 표준편차 (1)

확률변수 X의 확률분포가 오른쪽 표와 같을 때, $\mathrm{V}(2X+3)$은?

X	1	2	3	합계
$\mathrm{P}(X=x)$	$\dfrac{1}{2}$	$\dfrac{1}{5}$	$\dfrac{3}{10}$	1

① $\dfrac{36}{25}$　　② $\dfrac{49}{25}$　　③ $\dfrac{63}{25}$

④ $\dfrac{76}{25}$　　⑤ $\dfrac{18}{5}$

해결 Point

$\mathrm{E}(X)$, $\mathrm{V}(X)$를 구한 후, $\mathrm{V}(aX+b)=a^2\mathrm{V}(X)$임을 이용한다.

05-1 확률변수 X의 확률분포가 오른쪽 표와 같을 때, 다음을 구하시오.

X	10	20	30	40	합계
$\mathrm{P}(X=x)$	$\dfrac{1}{5}$	$\dfrac{3}{10}$	$\dfrac{3}{10}$	$\dfrac{1}{5}$	1

(1) $\mathrm{E}(2X-3)$

(2) $\mathrm{V}(2X-3)$

유형 **06** 확률변수 $aX+b$의 평균, 분산, 표준편차 (2)

한 개의 주사위를 던져서 나오는 눈의 수를 확률변수 X라 할 때, 확률변수 $-6X+7$의 분산을 구하시오.

해결 Point

확률변수 X의 확률분포를 표로 나타낸다.

06-1 흰 공 3개, 검은 공 4개가 들어 있는 주머니에서 2개의 공을 동시에 꺼낼 때, 나오는 흰 공의 개수를 확률변수 X라 하자. 다음을 구하시오.

(1) $\mathrm{E}(-2X+5)$　　　　　　(2) $\mathrm{V}(-2X+5)$

개념 **5** 이항분포 ^{중요}

(1) 이항분포 유형 07

1회의 시행에서 사건 A가 일어날 확률이 p, 일어나지 않을 확률이 $q(=1-p)$일 때, n회의 독립시행에서 사건 A가 일어나는 횟수를 확률변수 X라 하고 X의 확률분포를 표로 나타내면 다음과 같다.

X	0	1	2	$\cdots$	k	$\cdots$	n	합계
$\mathrm{P}(X=k)$	$_nC_0q^n$	$_nC_1p^1q^{n-1}$	$_nC_2p^2q^{n-2}$	$\cdots$	$_nC_kp^kq^{n-k}$	$\cdots$	$_nC_np^n$	1

이와 같은 확률변수 X의 확률분포를 이항분포라 하고, 기호로 $\mathrm{B}(n,\,p)$와 같이 나타낸다.

(2) 이항분포의 평균, 분산, 표준편차 유형 08

확률변수 X가 이항분포 $\mathrm{B}(n,\,p)$를 따를 때 (단, $q=1-p$)

① $\mathrm{E}(X)=np$ ② $\mathrm{V}(X)=npq$ ③ $\sigma(X)=\sqrt{npq}$

개념 Plus ⁺

• **큰 수의 법칙**

어떤 시행에서 사건 A가 일어날 수학적 확률이 p일 때, n번의 독립시행에서 사건 A가 일어나는 횟수를 X라 하자. 이때 아무리 작은 양수 h를 택하더라도 n을 충분히 크게 하면 확률

$$\mathrm{P}\left(\left|\frac{X}{n}-p\right|<h\right)$$

는 1에 가까워진다.

1. 한 개의 주사위를 세 번 던질 때, 2의 배수의 눈이 나오는 횟수를 확률변수 X라 하면 X는 이항분포 $\mathrm{B}\left(\Box,\ \Box\right)$을 따른다.

2. 확률변수 X가 이항분포 $\mathrm{B}\left(10,\ \dfrac{1}{4}\right)$을 따를 때, 다음을 구하시오.

(1) $\mathrm{E}(X)$ (2) $\mathrm{V}(X)$

유형 **07** 이항분포와 확률

한 개의 주사위를 5번 던져 짝수의 눈이 나오는 횟수를 확률변수 X라 할 때, 다음을 구하시오.

(1) $\mathrm{P}(X=5)$ (2) $\mathrm{P}(X\le4)$

• 해결 **Point** •

1회의 시행에서 일어날 확률이 $\dfrac{1}{2}$이고 5번의 독립시행이므로 X는 이항분포 $\mathrm{B}\left(5,\ \dfrac{1}{2}\right)$을 따른다.

07-1 어느 클레이 사격 선수가 목표물을 맞힐 확률은 $\dfrac{4}{5}$이다. 이 선수가 목표물을 5번 쏘아 맞힌 횟수를 확률변수 X라 할 때, $\mathrm{P}(X\le2)$은 $\dfrac{k}{5^5}$이다. k의 값을 구하시오.

유형 **08** 이항분포의 평균, 분산, 표준편차

확률변수 X가 이항분포 $\mathrm{B}\left(12,\ \dfrac{1}{3}\right)$을 따를 때, 확률변수 X에 대하여 다음을 구하시오.

(1) $\mathrm{E}(X)$ (2) $\mathrm{V}(X)$

08-1 확률변수 X가 이항분포 $\mathrm{B}\left(300,\ \dfrac{1}{5}\right)$을 따를 때, 다음을 구하시오.

(1) $\mathrm{E}(2X-8)$ (2) $\mathrm{V}(2X-8)$

대표 유형 다지기

정답과 풀이 27쪽

01

확률변수 X의 확률분포가

$$P(X=x)=\begin{cases} \dfrac{x}{12} & (x=1,\ 3,\ 5) \\[2mm] \dfrac{k(x-1)}{4} & (x=2,\ 4,\ 6) \end{cases}$$

일 때, 상수 k의 값은?

① $\dfrac{1}{18}$ ② $\dfrac{1}{12}$ ③ $\dfrac{1}{9}$

④ $\dfrac{5}{36}$ ⑤ $\dfrac{1}{6}$

02

확률변수 X의 확률분포가 다음 표와 같을 때, $P(-2<X\le1)=p$이다. $10p$의 값을 구하시오.

X	-2	0	1	2	합계
$P(X=x)$	$\dfrac{1}{5}$	$\dfrac{2}{5}$	k	$\dfrac{1}{10}$	1

03

주머니 속에 1이 적혀 있는 공이 5개, 2가 적혀 있는 공이 4개, 3이 적혀 있는 공이 3개, 4가 적혀 있는 공이 2개, 5가 적혀 있는 공이 1개 들어 있다. 이 주머니에서 임의로 1개의 공을 꺼낼 때, 꺼낸 공에 적혀 있는 수를 확률변수 X라 하자.

$P(X\le a)=\dfrac{3}{5}$일 때, 자연수 a의 값을 구하시오.

04

확률변수 X의 확률분포가 다음 표와 같고, $P(0\le X\le1)=\dfrac{3}{4}$일 때, 확률변수 X의 평균은?

X	-2	-1	0	1	합계
$P(X=x)$	$\dfrac{3-a}{8}$	$\dfrac{1}{8}$	$\dfrac{3+a}{8}$	$\dfrac{1}{8}$	1

① $-\dfrac{1}{4}$ ② $-\dfrac{1}{8}$ ③ 0

④ $\dfrac{1}{8}$ ⑤ $\dfrac{1}{4}$

05 중요

확률변수 X의 확률분포가 다음 표와 같고, $E(X)=2$일 때, $V(X)$는?

X	0	1	2	3	4	합계
$P(X=x)$	$\dfrac{1}{8}$	a	$\dfrac{1}{8}$	b	$\dfrac{1}{4}$	1

① 2 ② $\dfrac{5}{2}$ ③ 3

④ $\dfrac{7}{2}$ ⑤ 4

06

확률변수 X의 확률분포가 다음 표와 같을 때, 확률변수 $4X+5$의 분산을 구하시오.

X	0	1	2	3	합계
$P(X=x)$	$\dfrac{1}{4}$	$\dfrac{3}{8}$	$\dfrac{1}{4}$	$\dfrac{1}{8}$	1

07

확률변수 X에 대하여 $E(2X+3)=11$, $V(2X+3)=40$일 때, $E(X^2)$은?

① 24 ② 26 ③ 28

④ 30 ⑤ 32

08 중요

흰 공 3개, 검은 공 3개가 들어 있는 주머니가 있다. 이 주머니에서 임의로 3개의 공을 동시에 꺼낼 때, 나오는 흰 공의 개수를 확률변수 X라 하자. 확률변수 $4X+3$의 평균을 a, 분산을 b라 할 때, a^2+5b의 값을 구하시오.

09 중요

아버지, 어머니와 자녀 2명이 한 줄로 서서 사진을 찍으려고 할 때, 아버지와 어머니 사이에 서게 되는 자녀의 수를 확률변수 X라 하자. 확률변수 $3X+2$의 평균을 구하시오.

10

한 개의 주사위를 6번 던지는 시행에서 5 이상의 눈이 나오는 횟수를 확률변수 X라 할 때, $\mathrm{P}(X=2)=\dfrac{q}{p}$이다. $p+q$의 값을 구하시오. (단, p와 q는 서로소인 자연수이다.)

11

치료율이 90 %인 치료제를 이 치료제가 필요한 10000명의 환자에게 투여했을 때, 병이 낫는 환자의 수를 확률변수 X라 하자. $\sigma(X)$를 구하시오.

12

확률변수 X의 확률질량함수가

$$\mathrm{P}(X=x)=\begin{cases} {}_{200}\mathrm{C}_0\left(\dfrac{3}{4}\right)^{200} & (x=0) \\ {}_{200}\mathrm{C}_x\left(\dfrac{1}{4}\right)^x\left(\dfrac{3}{4}\right)^{200-x} & (x=1,\,2,\,\cdots,\,199) \\ {}_{200}\mathrm{C}_{200}\left(\dfrac{1}{4}\right)^{200} & (x=200) \end{cases}$$

일 때, 확률변수 $2X-5$에 대하여 $\sigma(2X-5)$는?

① $\sqrt{6}$ ② $3\sqrt{6}$ ③ $5\sqrt{6}$
④ $7\sqrt{6}$ ⑤ $9\sqrt{6}$

13

확률변수 X가 이항분포 $\mathrm{B}\left(n,\,\dfrac{1}{12}\right)$을 따르고 $\mathrm{E}(2X)=1$일 때, $\mathrm{V}(nX)$는?

① $\dfrac{11}{2}$ ② 11 ③ $\dfrac{33}{2}$
④ 22 ⑤ $\dfrac{55}{2}$

14

한 개의 주사위를 90번 던질 때, 6의 약수의 눈이 나오는 횟수를 확률변수 X라 하자. $\mathrm{E}(X^2)$을 구하시오.

15 중요

확률변수 X가 이항분포 $\mathrm{B}(10,\,p)$를 따르고

$$\mathrm{P}(X=4)=\dfrac{1}{6}\mathrm{P}(X=5)$$

일 때, $\mathrm{E}(3X+10)$을 구하시오. (단, $0<p<1$)

16

주머니 속에 흰 공과 검은 공을 합하여 모두 24개의 공이 들어 있다. 이 주머니에서 임의로 한 개의 공을 꺼내어 색을 확인한 후 다시 넣는 시행을 36번 반복할 때, 흰 공이 나오는 횟수를 확률변수 X라 하자. $\mathrm{E}(X)=9$일 때, 흰 공의 개수를 구하시오.

개념 ① 연속확률변수와 확률밀도함수

정답과 풀이 30쪽

(1) 연속확률변수

어떤 범위에 속하는 모든 실수의 값을 가지는 확률변수 X를 연속확률변수라 한다.

(2) 확률밀도함수 유형 01

연속확률변수 X가 $\alpha \le X \le \beta$의 모든 실수의 값을 가질 수 있고, $\alpha \le x \le \beta$에서 정의된 함수 $f(x)$가 다음과 같은 성질을 만족시킬 때, 함수 $f(x)$를 연속확률변수 X의 확률밀도함수라 한다.

① $f(x) \ge 0$

② 함수 $y=f(x)$의 그래프와 x축 및 두 직선 $x=\alpha$, $x=\beta$로 둘러싸인 부분의 넓이는 1이다.

③ $\mathrm{P}(a \le X \le b)$는 함수 $y=f(x)$의 그래프와 x축 및 두 직선 $x=a$, $x=b$로 둘러싸인 부분의 넓이와 같다.

(단, $\alpha \le a \le b \le \beta$)

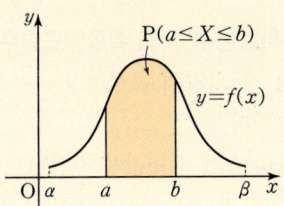

개념 Plus

・$\mathrm{P}(X=b)=0$이므로
$\mathrm{P}(a \le X \le b)$
$=\mathrm{P}(a \le X < b)+\mathrm{P}(X=b)$
$=\mathrm{P}(a \le X < b)$
이고, 마찬가지 방법으로 다음이 성립한다.
$\mathrm{P}(a \le X \le b)$
$=\mathrm{P}(a \le X < b)$
$=\mathrm{P}(a < X \le b)$
$=\mathrm{P}(a < X < b)$

개념 Check

1. $0 \le x \le 1$에서 정의된 연속확률변수 X의 확률밀도함수 $y=f(x)$의 그래프가 오른쪽 그림과 같을 때, 다음을 구하시오.

(1) $\mathrm{P}\left(0 \le X \le \dfrac{1}{2}\right)$　　(2) $\mathrm{P}\left(0 < X < \dfrac{1}{2}\right)$　　(3) $\mathrm{P}(X=1)$

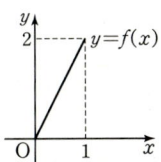

유형 01 확률밀도함수 구하기

확률변수 X의 확률밀도함수가

$$f(x)=kx \ (0 \le x \le 6)$$

일 때, 다음을 구하시오. (단, k는 상수이다.)

(1) k의 값　　　　　　　　　　(2) $\mathrm{P}(1 \le X \le 2)$

・해결 Point・

함수 $y=f(x)$의 그래프를 그린다.

01-1 연속확률변수 X의 확률밀도함수 $f(x)$의 그래프가 오른쪽 그림과 같을 때, 다음을 구하시오. (단, k는 상수이다.)

(1) k의 값

(2) $\mathrm{P}(2 \le X \le 3)$

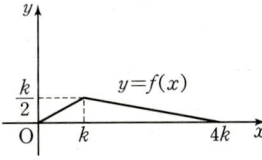

01-2 연속확률변수 X의 확률밀도함수가

$$f(x)=\begin{cases} x & (0 \le x < 1) \\ -x+2 & (1 \le x \le 2) \end{cases}$$

일 때, $\mathrm{P}(k \le X \le 1)=\dfrac{3}{8}$이다. 상수 k의 값은? (단, $0 < k < 1$)

① $\dfrac{1}{16}$　　② $\dfrac{1}{8}$　　③ $\dfrac{1}{4}$　　④ $\dfrac{1}{3}$　　⑤ $\dfrac{1}{2}$

개념 ② 정규분포

(1) 정규분포

연속확률변수 X의 확률밀도함수가

$$f(x)=\frac{1}{\sqrt{2\pi}\sigma}e^{-\frac{(x-m)^2}{2\sigma^2}} \ (x\text{는 모든 실수, } m, \sigma\text{는 상수, } \sigma>0)$$

일 때, X의 확률분포를 정규분포라 한다. 이때 확률밀도함수 $f(x)$
의 그래프는 오른쪽 그림과 같고, 이 곡선을 정규분포곡선이라 한
다. 또한 평균이 m이고 분산이 σ^2인 정규분포를 기호로 $\mathrm{N}(m, \sigma^2)$
과 같이 나타내고, 확률변수 X는 정규분포를 따른다고 한다.

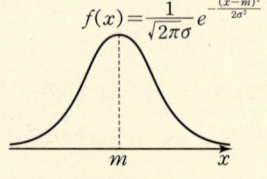

(2) 정규분포 $\mathrm{N}(m, \sigma^2)$을 따르는 확률변수 X의 확률밀도함수의 그래프의 성질 〔유형 02〕

① 직선 $x=m$에 대하여 대칭인 종 모양의 곡선이다.

② 곡선과 x축 사이의 넓이는 1이다.

③ x축을 점근선으로 하며 $x=m$일 때 최댓값을 갖는다.

④ σ의 값이 일정할 때, m의 값이 변하면 곡선의 모양은 같고 대칭축의 위치만 바뀐다.

⑤ m의 값이 일정할 때, σ의 값이 커지면 곡선의 가운데 부분은 낮아지며 옆으로 퍼지고, σ의
값이 작아지면 곡선의 가운데 부분이 높아진다.

> **개념 Plus➕**
>
> • e는 값이 $2.718281\cdots$인 무리수
> 이다.
> • $m=0$이고 σ의 값이 변할 때
>
>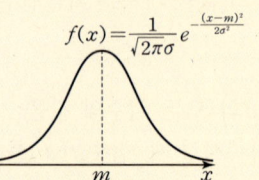
>
> • $\sigma=1$이고 m의 값이 변할 때

개념 Check

1. 정규분포를 따르는 확률변수 X에 대하여 $\mathrm{E}(X)=10$, $\mathrm{V}(X)=9$일 때, X는 정규분포
$\mathrm{N}(\boxed{}, \boxed{})$을 따른다고 한다.

2. 정규분포 $\mathrm{N}(20, 4^2)$을 따르는 확률변수 X에 대하여 $\mathrm{E}(X)$, $\mathrm{V}(X)$를 각각 구하시오.

유형 ② 정규분포의 확률밀도함수의 그래프의 성질

확률변수 X가 정규분포 $\mathrm{N}(m, \sigma^2)$을 따를 때, 다음 중 X의 확률밀도함수 $f(x)$의 그래프에 대
한 설명으로 옳지 <u>않은</u> 것은?

① 곡선과 x축 사이의 넓이는 1이다.

② $f(x)$의 그래프는 직선 $x=m$에 대하여 대칭이다.

③ x축과 두 점에서 만난다.

④ m의 값이 일정할 때, σ의 값이 클수록 곡선의 가운데 부분은 낮아지며 옆으로 퍼진다.

⑤ σ의 값이 일정할 때, m의 값이 변하면 곡선의 모양은 같고 대칭축의 위치만 바뀐다.

02-1 두 지역 A, B에 거주하는 고등학교 2학년 학생의 모의고사 수학
영역 점수는 각각 정규분포를 따르고, 각 정규분포의 확률밀도함
수의 그래프는 오른쪽과 같다. 두 지역 A, B에 거주하는 고등학교
2학년 학생의 모의고사 수학 영역 점수의 평균을 각각 m_1, m_2라
하고, 표준편차를 각각 σ_1, σ_2라 할 때, 다음 중 옳은 것은?

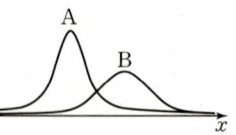

① $m_1>m_2$, $\sigma_1>\sigma_2$ ② $m_1>m_2$, $\sigma_1<\sigma_2$ ③ $m_1<m_2$, $\sigma_1<\sigma_2$

④ $m_1<m_2$, $\sigma_1>\sigma_2$ ⑤ $m_1<m_2$, $\sigma_1=\sigma_2$

개념 ③ 표준정규분포

(1) 표준정규분포

평균이 0, 분산이 1인 정규분포를 표준정규분포라 하고, 이것을 기호로 $N(0, 1)$과 같이 나타낸다. 표준정규분포 $N(0, 1)$을 따르는 확률변수 Z의 확률밀도함수는

$$f(z) = \frac{1}{\sqrt{2\pi}} e^{-\frac{z^2}{2}} \text{ (z는 모든 실수)}$$

이고, 그 그래프는 오른쪽 그림과 같다. 또한 양수 z에 대하여 $P(0 \leq Z \leq z)$는 오른쪽 그림에서 색칠한 부분의 넓이와 같고, 그 값은 표준정규분포를 이용하여 찾을 수 있다.

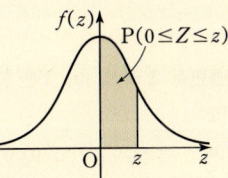

(2) 정규분포의 표준화 유형 03, 04

확률변수 X가 정규분포 $N(m, \sigma^2)$을 따를 때

① 확률변수 $Z = \dfrac{X-m}{\sigma}$ 은 표준정규분포 $N(0, 1)$을 따른다.

② $P(a \leq X \leq b) = P\left(\dfrac{a-m}{\sigma} \leq Z \leq \dfrac{b-m}{\sigma}\right)$

개념 Plus⁺

· 표준정규분포를 따르는 확률변수는 보통 Z로 나타낸다.
· 확률변수 Z가 표준정규분포를 따를 때, $0 < a < b$인 실수 a, b에 대하여
① $P(a \leq Z \leq b)$
　$= P(0 \leq Z \leq b)$
　　$- P(0 \leq Z \leq a)$
② $P(0 \leq Z \leq a)$
　$= P(-a \leq Z \leq 0)$
③ $P(Z \leq 0) = P(Z \geq 0) = 0.5$
④ $P(Z \leq a)$
　$= 0.5 + P(0 \leq Z \leq a)$
⑤ $P(Z \geq a)$
　$= 0.5 - P(0 \leq Z \leq a)$

유형 ⓪③ 표준정규분포에서 확률 구하기

확률변수 X가 정규분포 $N(50, 4^2)$을 따를 때, 오른쪽 표준정규분포표를 이용하여 다음 확률을 구하시오.

(1) $P(42 \leq X \leq 46)$
(2) $P(X \leq 44)$
(3) $P(54 \leq X \leq 58)$
(4) $P(48 \leq X \leq 56)$

z	$P(0 \leq Z \leq z)$
0.5	0.1915
1.0	0.3413
1.5	0.4332
2.0	0.4772

해결 Point

확률변수 X가 정규분포 $N(m, \sigma^2)$을 따를 때, $P(a \leq X \leq b)$
$= P\left(\dfrac{a-m}{\sigma} \leq Z \leq \dfrac{b-m}{\sigma}\right)$

03-1 확률변수 X가 정규분포 $N(4, 2^2)$을 따를 때, $P(|X| \leq 2)$의 값을 오른쪽 표준정규분포표를 이용하여 구한 것은?

① 0.0215　　② 0.0228　　③ 0.1359
④ 0.1574　　⑤ 0.1587

z	$P(0 \leq Z \leq z)$
1.0	0.3413
2.0	0.4772
3.0	0.4987

유형 ⓪④ 표준정규분포에서 확률을 만족시키는 미지수의 값 구하기

확률변수 X가 정규분포 $N(40, 3^2)$을 따를 때, $P(37 \leq X \leq k) = 0.77$을 만족시키는 상수 k의 값은? (단, $P(0 \leq Z \leq 1) = 0.34$, $P(0 \leq Z \leq 1.5) = 0.43$)

① 43.5　　② 44.0　　③ 44.5　　④ 45.0　　⑤ 45.5

해결 Point

$Z = \dfrac{X-40}{3}$으로 놓으면 Z는 표준정규분포 $N(0, 1)$을 따른다.

04-1 확률변수 X가 정규분포 $N(16, 3^2)$을 따를 때, $P(X \leq 3k+16) = 0.9772$를 만족시키는 상수 k의 값을 오른쪽 표준정규분포표를 이용하여 구한 것은?

① 1　　② 2　　③ 3
④ 4　　⑤ 5

z	$P(0 \leq Z \leq z)$
0.5	0.1915
1.0	0.3413
1.5	0.4332
2.0	0.4772

개념 ④ 정규분포와 표준정규분포의 활용 〔중요〕

(1) 정규분포와 표준정규분포의 활용 〔유형 05〕
① 문제에서 주어진 확률변수 X의 평균과 표준편차를 이용하여 X가 따르는 정규분포를 찾는다.
② 확률변수 X가 따르는 정규분포를 표준화한다.
③ 문제에서 구하고자 하는 확률을 표준화하여 그 값을 찾는다.

> **개념 Plus ⊕**
> • 확률변수 X가 정규분포
> $N(m, \sigma^2)$을 따를 때,
> $Z = \dfrac{X-m}{\sigma}$으로 놓으면 Z는 표
> 준정규분포 $N(0, 1)$을 따른다.

1. A여고 입학생의 키를 확률변수 X라 할 때, X는 평균이 162 cm, 표준편차가 8 cm인 정규분포를 따른다. 다음 물음에 답하시오.

(1) 임의로 택한 A여고 입학생 한 명의 키가 170 cm 이상일 확률을 기호로 나타내시오.

(2) 임의로 택한 A여고 입학생 한 명의 키가 170 cm 이상일 확률을 표준정규분포를 따르는 확률변수 Z를 이용하여 나타내시오.

유형 ⑤ 표준정규분포를 활용하여 확률 구하기

어느 편의점에서 판매하는 커피 한 잔의 양은 평균이 200 mL, 표준편차가 4 mL인 정규분포를 따른다. 이 편의점에서 구매한 커피 한 잔의 양이 206 mL 이상일 확률을 오른쪽 표준정규분포표를 이용하여 구한 것은?

① 0.0228   ② 0.0668   ③ 0.1587
④ 0.1815   ⑤ 0.3413

z	$P(0 \leq Z \leq z)$
0.5	0.1915
1.0	0.3413
1.5	0.4332
2.0	0.4772

> **•해결 Point•**
> 커피 한 잔의 양을 X mL라 하면 확률변수 X는 정규분포 $N(200, 4^2)$을 따른다.

05-1 어느 학교 학생들의 일주일 동안의 스마트폰 사용 시간은 평균이 12시간, 표준편차가 2시간인 정규분포를 따른다고 한다. 이 학교 학생들 중 임의로 선택한 한 사람이 지난 일주일 동안 스마트폰을 사용한 시간이 11시간 이상 14시간 이하일 확률을 오른쪽 표준정규분포표를 이용하여 구한 것은?

① 0.5328   ② 0.6247   ③ 0.6687   ④ 0.7745   ⑤ 0.9104

z	$P(0 \leq Z \leq z)$
0.5	0.1915
1.0	0.3413
1.5	0.4332
2.0	0.4772

> **•해결 Point•**
> 스마트폰 사용 시간을 X시간이라 하면 확률변수 X는 정규분포 $N(12, 2^2)$을 따른다.

05-2 어느 공장에서 생산하는 제품 1개의 무게는 평균이 80 g, 표준편차가 3 g인 정규분포를 따른다. 제품의 무게가 77 g 이하이거나 86 g 이상인 것은 불량품으로 판정한다고 할 때, 이 공장에서 생산한 제품 1개가 불량품으로 판정받을 확률을 오른쪽 표준정규분포표를 이용하여 구한 것은?

① 0.0228   ② 0.0668   ③ 0.1587   ④ 0.1815   ⑤ 0.3413

z	$P(0 \leq Z \leq z)$
0.5	0.1915
1.0	0.3413
1.5	0.4332
2.0	0.4772

> **•해결 Point•**
> 제품 1개의 무게를 X g이라 하면 확률변수 X는 정규분포 $N(80, 3^2)$을 따른다.

개념 5 이항분포와 정규분포 사이의 관계

(1) 이항분포와 정규분포의 관계 ─ 유형 06, 07

확률변수 X가 이항분포 $\mathrm{B}(n, p)$를 따를 때, n이 충분히 크면 X는 근사적으로 정규분포
$\mathrm{N}(np, npq)$를 따른다. (단, $q=1-p$)

개념 Plus
· n이 충분히 크다는 것은 일반적으로 $np \geq 5$이고 $nq \geq 5$일 때를 뜻한다.

개념 Check

1. 한 개의 주사위를 18000번 던질 때, 1의 눈이 나오는 횟수를 확률변수 X라 하면 X는 이항분포
$\mathrm{B}\left(\boxed{}, \boxed{}\right)$을 따른다. 이때 $\mathrm{E}(X)=\boxed{}$, $\mathrm{V}(X)=\boxed{}$이고, 주사위를 던진 횟수
18000은 충분히 크므로 확률변수 X는 근사적으로 정규분포 $\mathrm{N}\left(\boxed{}, \boxed{}^2\right)$을 따른다.

유형 06 이항분포와 정규분포의 관계 (1)

확률변수 X가 이항분포 $\mathrm{B}(100, 0.2)$를 따를 때, 오른쪽 표준정규분포
표를 이용하여 다음 확률을 구하시오.

(1) $\mathrm{P}(16 \leq X \leq 28)$ (2) $\mathrm{P}(12 \leq X \leq 20)$

(3) $\mathrm{P}(X \geq 26)$ (4) $\mathrm{P}(X \leq 24)$

z	$\mathrm{P}(0 \leq Z \leq z)$
0.5	0.1915
1.0	0.3413
1.5	0.4332
2.0	0.4772

· 해결 Point ·
확률변수 X가 이항분포 $\mathrm{B}(n, p)$
를 따를 때,
$\mathrm{E}(X)=np$,
$\mathrm{V}(X)=npq$ (단, $q=1-p$)

06-1 확률변수 X가 이항분포 $\mathrm{B}\left(400, \dfrac{1}{5}\right)$을 따를 때, 오른쪽 표준정규
분포표를 이용하여 다음 확률을 구하시오.

(1) $\mathrm{P}(X \leq 76)$ (2) $\mathrm{P}(X \geq 88)$

(3) $\mathrm{P}(72 \leq X \leq 92)$ (4) $\mathrm{P}(84 \leq X \leq 96)$

z	$\mathrm{P}(0 \leq Z \leq z)$
0.5	0.1915
1.0	0.3413
1.5	0.4332
2.0	0.4772

유형 07 이항분포와 정규분포의 관계 (2)

동전 2개를 동시에 던지는 시행을 4800번 반복할 때, 두 동전 모두 앞
면이 나오는 횟수를 확률변수 X라 하자. 오른쪽 표준정규분포표를 이
용하여 다음을 구하시오.

(1) $\mathrm{P}(X \geq 1170)$

(2) $\mathrm{P}(1200 \leq X \leq k) = 0.4772$를 만족시키는 상수 k의 값

z	$\mathrm{P}(0 \leq Z \leq z)$
0.5	0.1915
1.0	0.3413
1.5	0.4332
2.0	0.4772

· 해결 Point ·
X가 따르는 이항분포 $\mathrm{B}(n, p)$를
먼저 구하고 X가 근사적으로 따르
는 정규분포 $\mathrm{N}(m, \sigma^2)$을 구한다.

07-1 발아율이 90 %인 어떤 식물의 씨앗 400개를 뿌렸을 때, 오른쪽 표
준정규분포표를 이용하여 다음을 구하시오.

(1) 발아한 씨앗이 348개 이상 366개 이하일 확률

(2) 발아한 씨앗이 k개 이상일 확률이 0.3085일 때, 자연수 k의 값

z	$\mathrm{P}(0 \leq Z \leq z)$
0.5	0.1915
1.0	0.3413
1.5	0.4332
2.0	0.4772

대표 유형 다지기

01

연속확률변수 X의 확률밀도함수 $y=f(x)$의 그래프가 오른쪽 그림과 같을 때, $P(0 \le X \le 3)=p$이다. $10p$의 값을 구하시오.

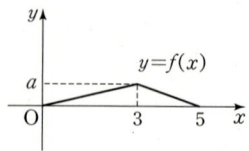

02

확률변수 X의 확률밀도함수가

$$f(x)=\begin{cases} -\dfrac{1}{4}x+\dfrac{1}{2} & (0 \le x < 2) \\ x-2 & (2 \le x \le 3) \end{cases}$$

일 때, $P(1 \le X \le 3)$은?

① $\dfrac{5}{8}$ ② $\dfrac{9}{16}$ ③ $\dfrac{1}{2}$

④ $\dfrac{7}{16}$ ⑤ $\dfrac{3}{8}$

03

정규분포 $N(m, \sigma^2)$을 따르는 확률변수 X에 대하여

$$P(m-2\sigma \le X \le m+2\sigma)=0.9544$$

일 때, $P(m \le X \le m+2\sigma)$는?

① 0.5 ② 0.4772 ③ 0.4332

④ 0.3944 ⑤ 0.3413

04

정규분포를 따르는 확률변수 X에 대하여 $P(X \le 20)=P(X \ge 40)$일 때, $E(X)$는?

① 20 ② 25 ③ 30

④ 35 ⑤ 40

05

확률변수 X는 정규분포 $N(20, 3^2)$을 따르고 확률변수 Y는 정규분포 $N(15, 2^2)$을 따를 때, $P(14 \le X \le 26)=P(k \le Y \le 19)$이다. 상수 k의 값은?

① 7 ② 8 ③ 9

④ 10 ⑤ 11

06

정규분포 $N(12, 4^2)$을 따르는 확률변수 X에 대하여

$$P(X \le 14)=\frac{a}{10000}$$

일 때, 정수 a의 값을 오른쪽 표준정규분포표를 이용하여 구하시오.

z	$P(0 \le Z \le z)$
0.5	0.1915
1.0	0.3413
1.5	0.4332
2.0	0.4772

07 중요

정규분포 $N(40, 6^2)$을 따르는 확률변수 X에 대하여

$$P(X \le k)=0.0668$$

일 때, 실수 k의 값을 오른쪽 표준정규분포표를 이용하여 구하시오.

z	$P(0 \le Z \le z)$
0.5	0.1915
1.0	0.3413
1.5	0.4332
2.0	0.4772

08

정규분포 $N(100, \sigma^2)$을 따르는 확률변수 X에 대하여

$$P(X \le 88)=0.0228$$

일 때, 양수 σ의 값을 오른쪽 표준정규분포표를 이용하여 구한 것은?

z	$P(0 \le Z \le z)$
0.5	0.1915
1.0	0.3413
1.5	0.4332
2.0	0.4772

① 4 ② 6 ③ 8

④ 10 ⑤ 12

09

확률변수 X가 정규분포 $N(0, 1)$을 따를 때, $P(a-3 \leq X \leq a+2)$가 최대가 되도록 하는 실수 a의 값은?

① -1 ② $-\dfrac{1}{2}$ ③ 0

④ $\dfrac{1}{2}$ ⑤ 1

10

어느 등산 의류 제조회사에서 생산하는 바람막이의 무게는 평균이 160 g, 표준편차가 6 g인 정규분포를 따른다고 한다. 이 회사에서 생산하는 바람막이 중에서 임의로 선택한 한 제품의 무게가 154 g 이상 163 g 이하일 확률을 위의 표준정규분포표를 이용하여 구한 것은?

z	$P(0 \leq Z \leq z)$
0.5	0.1915
1.0	0.3413
1.5	0.4332
2.0	0.4772

① 0.3413 ② 0.5328 ③ 0.6915

④ 0.7745 ⑤ 0.8413

11

어느 고등학교 2학년 학생 400명의 음악 수행평가 점수는 평균이 28점, 표준편차가 4점인 정규분포를 따른다. 음악 수행평가 점수가 24점 이상 36점 이하인 학생 수를 오른쪽 표준정규분포표를 이용하여 구한 것은?

z	$P(0 \leq Z \leq z)$
0.5	0.19
1.0	0.34
1.5	0.43
2.0	0.48

① 272명 ② 308명 ③ 328명

④ 336명 ⑤ 364명

12 중요

50명을 뽑는 어느 회사 입사 시험에 응시한 2000명의 성적은 평균이 160점, 표준편차가 10점인 정규분포를 따른다고 한다. 이 시험에 합격하기 위한 점수의 최솟값은? (단, Z가 표준정규분포를 따르는 확률변수일 때, $P(0 \leq Z \leq 1.96)=0.475$이다.)

① 140.4 ② 160.2 ③ 179.6

④ 180.6 ⑤ 181.4

13

확률변수 X에 대하여

$$P(X=k)= \begin{cases} {}_{400}C_0 \left(\dfrac{4}{5}\right)^{400} & (k=0) \\ {}_{400}C_k \left(\dfrac{1}{5}\right)^{k} \left(\dfrac{4}{5}\right)^{400-k} & (k=1, 2, \cdots, 399) \\ {}_{400}C_{400} \left(\dfrac{1}{5}\right)^{400} & (k=400) \end{cases}$$

일 때, $P(X \geq 96)=\dfrac{p}{10000}$이다. 정수 p의 값을 구하시오.
(단, Z가 표준정규분포를 따르는 확률변수일 때, $P(0 \leq Z \leq 2)=0.4772$이다.)

14

확률변수 X는 이항분포 $B\left(n, \dfrac{1}{4}\right)$을 따르고 $V(X)=9$를 만족시킬 때, $P(X \leq 18)$를 오른쪽 표준정규분포표를 이용하여 구한 것은?

z	$P(0 \leq Z \leq z)$
1.5	0.4332
2.0	0.4772
2.5	0.4938

① 0.6826 ② 0.8413 ③ 0.9332

④ 0.9772 ⑤ 0.9938

15 중요

어떤 양궁 선수가 화살을 쏘면 4번 중 3번 꼴로 10점 과녁을 맞힌다고 한다. 이 선수가 화살을 48번 쏠 때, 10점 과녁을 39번 이상 맞힐 확률을 오른쪽 표준정규분포표를 이용하여 구한 것은?

z	$P(0 \leq Z \leq z)$
1.0	0.3413
1.5	0.4332
2.0	0.4772

① 0.0114 ② 0.0228 ③ 0.0668

④ 0.1587 ⑤ 0.3413

16

다섯 번 중 한 번 꼴로 스트라이크를 던지는 어떤 야구 선수가 한 경기에 100개의 공을 던져 a개 이상의 스트라이크를 던질 확률이 0.02라 한다. 오른쪽 표준정규분포표를 이용하여 자연수 a의 값을 구하시오.

z	$P(0 \leq Z \leq z)$
0.5	0.19
1.0	0.34
1.5	0.43
2.0	0.48

개념 ① 모평균과 표본평균

(1) **모평균, 모분산, 모표준편차**

모집단의 어떤 특성을 나타내는 확률변수를 X라 할 때, X의 평균, 분산, 표준편차를 각각 모평균, 모분산, 모표준편차라 하고, 이것을 각각 기호로 m, σ^2, σ와 같이 나타낸다.

(2) **표본평균, 표본분산, 표본표준편차** 유형 01

모집단에서 크기가 n인 표본 X_1, X_2, X_3, $\cdots$, X_n을 임의추출했을 때, 이들의 평균, 분산, 표준편차를 각각 표본평균, 표본분산, 표본표준편차라 하고 이것을 각각 기호로 $\overline{X}$, S^2, S와 같이 나타낸다.

$$\overline{X}=\frac{1}{n}(X_1+X_2+X_3+\cdots+X_n)$$

$$S^2=\frac{1}{n-1}\{(X_1-\overline{X})^2+(X_2-\overline{X})^2+\cdots+(X_n-\overline{X})^2\},\ S=\sqrt{S^2}$$

개념 Plus ➕

· **모집단과 표본**
① 모집단 : 통계 조사에서 조사의 대상이 되는 집단 전체
② 표본 : 조사를 하기 위해 모집단에서 뽑은 일부분

· 표본분산은 모분산과 달리 편차의 제곱의 합을 $n-1$로 나눈 것으로 정의하는데, 이는 모분산과의 오차를 줄이기 위한 것이다.

개념 Check

1. 숫자 1, 2, 3이 각각 적힌 3장의 카드가 들어 있는 주머니에서 임의로 1장의 카드를 꺼내 카드에 적힌 수를 확인한 후 다시 주머니에 넣는 시행을 2회 반복한다. 카드에 적힌 숫자의 평균을 $\overline{X}$라 할 때, 오른쪽의 표를 완성하시오.

$\overline{X}$	1	$\frac{3}{2}$	2	$\frac{5}{2}$	3	합계
$\mathrm{P}(\overline{X}=\bar{x})$		$\frac{2}{9}$			$\frac{1}{9}$	1

유형 01 모평균과 표본평균

한 개의 주사위를 던져 나온 눈의 수를 확인하는 시행을 2회 반복하여 나온 눈의 수의 평균을 $\overline{X}$라 할 때, $\mathrm{P}(\overline{X}=3)$은?

① $\frac{1}{9}$　　② $\frac{5}{36}$　　③ $\frac{1}{6}$　　④ $\frac{7}{36}$　　⑤ $\frac{2}{9}$

해결 Point

첫 번째 나온 눈의 수를 X_1, 두 번째 나온 눈의 수를 X_2라 하면 $\overline{X}=\dfrac{X_1+X_2}{2}$이다.

01-1 숫자 -1이 적힌 공이 1개, 숫자 0이 적힌 공이 2개, 숫자 1이 적힌 공이 3개 들어 있는 주머니에서 임의로 1개의 공을 꺼내 공에 적힌 수를 확인한 후 다시 주머니에 넣는 시행을 2회 반복한다. 꺼낸 공에 적힌 수의 평균을 $\overline{X}$라 할 때, $\mathrm{P}(\overline{X}=a)=\dfrac{5}{18}$이다. 상수 a의 값은?

① -1　　② $-\frac{1}{2}$　　③ 0　　④ $\frac{1}{2}$　　⑤ 1

01-2 어느 모집단의 확률변수 X의 확률분포를 표로 나타내면 오른쪽과 같다. 이 모집단에서 크기가 2인 표본을 임의추출하여 구한 표본평균 $\overline{X}$에 대하여 $\mathrm{P}(\overline{X}>1)$은?

X	1	2	3	합계
$\mathrm{P}(X=x)$	$\frac{1}{3}$	$\frac{1}{6}$	$\frac{1}{2}$	1

해결 Point

$\mathrm{P}(\overline{X}>1)=1-\mathrm{P}(\overline{X}=1)$임을 이용한다.

① $\frac{31}{36}$　　② $\frac{8}{9}$　　③ $\frac{11}{12}$　　④ $\frac{17}{18}$　　⑤ $\frac{35}{36}$

개념 2 표본평균의 분포

(1) 표본평균의 분포 유형 02, 03

① 모평균이 m, 모표준편차가 σ인 모집단에서 크기가 n인 표본을 임의추출할 때, 표본평균 $\overline{X}$에 대하여 $\mathrm{E}(\overline{X})=m$, $\mathrm{V}(\overline{X})=\dfrac{\sigma^2}{n}$, $\sigma(\overline{X})=\dfrac{\sigma}{\sqrt{n}}$

② 모집단이 정규분포 $\mathrm{N}(m,\ \sigma^2)$을 따를 때, 표본평균 $\overline{X}$는 표본의 크기 n에 관계없이 정규분포 $\mathrm{N}\!\left(m,\ \dfrac{\sigma^2}{n}\right)$을 따른다.

개념 Plus➕

• 모집단의 분포가 정규분포가 아닐 때에도 표본의 크기 n이 충분히 크면($n\geq30$) 표본평균 $\overline{X}$의 분포는 근사적으로 정규분포 $\mathrm{N}\!\left(m,\ \dfrac{\sigma^2}{n}\right)$을 따른다.

유형 02 표본평균의 평균, 분산, 표준편차

모집단의 확률변수 X의 확률분포가 오른쪽 표와 같다. 이 모집단에서 크기가 5인 표본을 임의추출할 때, 표본평균 $\overline{X}$에 대하여 $\mathrm{E}(\overline{X})$를 구하시오.

X	-2	0	2	합계
$\mathrm{P}(X=x)$	$\dfrac{1}{4}$	$\dfrac{1}{3}$	a	1

•해결 Point•

$\mathrm{E}(\overline{X})=\mathrm{E}(X)$

02-1 주머니에 여섯 개의 숫자 1, 2, 3, 4, 5, 6이 각각 하나씩 적힌 6개의 공이 들어 있다. 이 주머니에서 공을 하나 꺼내어 숫자를 확인한 후 다시 넣는 시행을 2회 반복할 때, 공에 적힌 숫자의 평균을 $\overline{X}$라 하자. $\mathrm{E}(\overline{X})$, $\mathrm{V}(\overline{X})$를 각각 구하시오.

•해결 Point•

표본의 크기는 2이다.

유형 03 표본평균의 확률

정규분포 $\mathrm{N}(30,\ 10^2)$을 따르는 모집단에서 크기가 25인 표본을 임의추출할 때, 표본평균 $\overline{X}$에 대하여 $\mathrm{P}(\overline{X}\geq28)$을 오른쪽 표준정규분포표를 이용하여 구한 것은?

z	$\mathrm{P}(0\leq Z\leq z)$
1.0	0.3413
1.5	0.4332
2.0	0.4772

① 0.9772 ② 0.9332 ③ 0.8413 ④ 0.6915 ⑤ 0.6826

03-1 어느 회사에서 생산하는 전구의 수명 시간 X의 분포는 평균이 2000시간, 표준편차가 250시간인 정규분포를 따른다. 이 회사에서 생산하는 전구 100개를 임의추출할 때, 표본평균 $\overline{X}$가 1975시간 이상 2050시간 이하일 확률을 오른쪽 표준정규분포표를 이용하여 구하시오.

z	$\mathrm{P}(0\leq Z\leq z)$
1.0	0.3413
1.5	0.4332
2.0	0.4772

03-2 정규분포 $\mathrm{N}(50,\ 6^2)$을 따르는 모집단에서 크기가 n인 표본을 임의추출할 때, 표본평균 $\overline{X}$에 대하여 $\mathrm{P}(\overline{X}\geq53)=0.0668$이다. 이때, 오른쪽 표준정규분포표를 이용하여 n의 값을 구한 것은?

z	$\mathrm{P}(0\leq Z\leq z)$
1.0	0.3413
1.5	0.4332
2.0	0.4772
2.5	0.4938

① 4 ② 9 ③ 16
④ 25 ⑤ 36

•해결 Point•

모집단이 정규분포 $\mathrm{N}(50,\ 6^2)$을 따르므로 크기가 n인 표본의 표본평균 $\overline{X}$는 정규분포 $\mathrm{N}\!\left(50,\ \left(\dfrac{6}{\sqrt{n}}\right)^2\right)$을 따른다.

개념 ③ 모평균의 추정

(1) 모평균의 추정

모집단에서 임의추출한 표본의 평균을 이용하여 모평균의 범위를 추측하는 것을 모평균의 추정이라 한다.

(2) 모평균의 신뢰구간 유형 04

정규분포 $N(m, \sigma^2)$을 따르는 모집단에서 크기가 n인 표본을 임의추출하여 구한 표본평균 $\overline{X}$의 값이 $\overline{x}$이면 모평균 m의 신뢰구간은 다음과 같다.

① 신뢰도 95 %의 신뢰구간 : $\overline{x}-1.96\dfrac{\sigma}{\sqrt{n}}\leq m\leq \overline{x}+1.96\dfrac{\sigma}{\sqrt{n}}$

② 신뢰도 99 %의 신뢰구간 : $\overline{x}-2.58\dfrac{\sigma}{\sqrt{n}}\leq m\leq \overline{x}+2.58\dfrac{\sigma}{\sqrt{n}}$

개념 Plus ➕

• 모표준편차 σ를 알 수 없을 때, 표본의 크기 n이 충분히 크면 모표준편차 σ 대신에 표본표준편차 S를 이용하여 신뢰구간을 구할 수 있다.

유형 ④ 모평균의 추정

어느 회사에서 생산하는 통조림의 무게는 평균이 m g, 표준편차가 5 g인 정규분포를 따른다고 한다. 이 회사에서 생산하는 통조림 16개를 임의추출하여 무게를 조사하였더니 그 평균이 305 g이었을 때, 모평균 m에 대하여 다음을 구하시오.

(단, $P(|Z|\leq 1.96)=0.95$, $P(|Z|\leq 2.58)=0.99$)

(1) 신뢰도 95 %의 신뢰구간

(2) 신뢰도 99 %의 신뢰구간

04-1 어느 고등학교 2학년 학생들의 수학 점수는 평균이 m점, 표준편차가 20점인 정규분포를 따른다고 한다. 이 고등학교 2학년 학생 중 64명을 임의추출하여 수학 점수를 조사하였더니 그 평균이 60점이었을 때, 모평균 m에 대하여 다음을 구하시오.

(단, $P(|Z|\leq 1.96)=0.95$, $P(|Z|\leq 2.58)=0.99$)

(1) 신뢰도 95 %의 신뢰구간

(2) 신뢰도 99 %의 신뢰구간

04-2 어느 마트에서 판매하는 사과 한 개의 무게는 표준편차가 4 g인 정규분포를 따른다고 한다. 이 마트에서 판매하는 사과 중에서 n개를 임의추출하여 그 무게를 조사하였더니 평균이 280 g이었다. 이 마트에서 판매하는 전체 사과의 무게의 평균 m g을 신뢰도 95 %로 추정한 신뢰구간이 $279.02\leq m\leq 280.98$일 때, 자연수 n의 값은? (단, $P(|Z|\leq 1.96)=0.95$)

① 16 　　　② 36 　　　③ 64 　　　④ 100 　　　⑤ 144

개념 **4** 신뢰구간의 길이

(1) 신뢰구간의 길이 유형 **05**

정규분포 $N(m, \sigma^2)$을 따르는 모집단에서 크기가 n인 표본을 임의추출할 때, 모평균 m의 신뢰구간의 길이는 다음과 같다.

① 신뢰도 95 %일 때 : $2 \times 1.96 \dfrac{\sigma}{\sqrt{n}}$

② 신뢰도 99 %일 때 : $2 \times 2.58 \dfrac{\sigma}{\sqrt{n}}$

> **개념 Plus ⁺**
> • 신뢰도가 일정할 때, 표본의 크기가 커지면 신뢰구간은 짧아지고, 표본의 크기가 작아지면 신뢰구간은 길어진다.
> • 표본의 크기가 일정할 때, 신뢰도가 커지면 신뢰구간은 길어지고, 신뢰도가 작아지면 신뢰구간은 짧아진다.

유형 **05** 표본의 크기와 신뢰구간의 길이

어느 회사에서 생산하는 비타민 음료 한 병에 담긴 비타민 C 성분의 함유량은 모평균이 m mg, 표준편차가 9 mg인 정규분포를 따른다고 한다. 이 회사에서 생산하는 비타민 음료 900병을 임의추출하여 모평균 m을 추정할 때, 다음을 구하시오.

(단, $P(|Z| \le 1.96) = 0.95$, $P(|Z| \le 2.58) = 0.99$)

⑴ 신뢰도 95 %의 신뢰구간의 길이
⑵ 신뢰도 99 %의 신뢰구간의 길이

05-1 어느 가게에서 판매하는 햄버거의 무게는 표준편차가 10 g인 정규분포를 따른다고 한다. 이 가게에서 판매하는 햄버거 100개를 임의추출하여 신뢰도 95 %로 추정한 햄버거의 무게의 평균의 신뢰구간의 길이가 l g일 때, $100 l$의 값을 구하시오. (단, $P(|Z| \le 1.96) = 0.95$)

05-2 정규분포 $N(m, \sigma^2)$을 따르는 모집단에서 크기가 n인 표본을 임의추출하여 동일한 신뢰도로 모평균 m을 추정할 때, 다음 중 모평균의 신뢰구간의 길이가 가장 긴 것은?

① $n=16$, $\sigma=12$
② $n=16$, $\sigma=16$
③ $n=25$, $\sigma=12$
④ $n=25$, $\sigma=16$
⑤ $n=36$, $\sigma=16$

> **해결 Point**
> 모평균 m에 대한 신뢰도 α %의 신뢰구간의 길이는
> $$2 \times k \times \dfrac{\sigma}{\sqrt{n}}$$
> $$\left(\text{단, } P(|Z| \le k) = \dfrac{\alpha}{100}\right)$$
> 임을 이용한다.

05-3 표준편차가 5인 정규분포를 따르는 모집단에서 표본의 크기가 n인 표본을 임의추출하여 신뢰도 99 %로 모평균을 추정할 때, 신뢰구간의 길이가 3 이하가 되도록 하는 자연수 n의 최솟값은? (단, $P(|Z| \le 2.58) = 0.99$)

① 74
② 78
③ 82
④ 86
⑤ 90

대표 유형 다지기

01

모표준편차가 6인 모집단에서 크기가 n인 표본을 임의추출할 때, 표본평균 $\overline{X}$에 대하여 $V(\overline{X})=2$이다. 자연수 n의 값은?

① 10   ② 12   ③ 14

④ 16   ⑤ 18

02

정규분포 $N(m, \sigma^2)$을 따르는 모집단에서 크기가 100인 표본을 임의추출할 때, 표본평균 $\overline{X}$는 정규분포 $N(7, 3^2)$을 따른다. $m+\sigma$의 값은?

① 10   ② 19   ③ 28

④ 37   ⑤ 46

03

정규분포 $N(5, 6^2)$을 따르는 모집단에서 크기가 12인 표본을 임의추출할 때, 표본평균 $\overline{X}$에 대하여 $E(\overline{X}^2)$은?

① 19   ② 22   ③ 25

④ 28   ⑤ 31

04

주머니 안에 다섯 개의 숫자 1, 2, 3, 4, 5가 하나씩 적힌 5장의 카드가 들어 있다. 5장의 카드 중에서 크기가 4인 표본을 복원추출할 때, 표본평균 $\overline{X}$의 평균은 a, 분산은 b이다. 실수 a, b에 대하여 $\dfrac{a}{b}$의 값을 구하시오.

05

정규분포 $N(m, \sigma^2)$을 따르는 모집단에서 크기가 64인 표본을 임의추출할 때, 표본평균을 $\overline{X}$라 하자.
$P(X \leq 4) = P(\overline{X} \geq 31)$일 때, m의 값을 구하시오.

06

어느 공장에서 작업자 한 명이 기계 한 대를 조립하는 데 걸리는 시간은 평균이 40분, 표준편차가 8분인 정규분포를 따른다고 한다. 64명의 작업자를 임의추출하여 조사했을 때, 기계 한 대를 조립하는 데 걸리는 평균 시간이 38분 이하일 확률을 위의 표준정규분포표를 이용하여 구한 것은?

z	$P(0 \leq Z \leq z)$
0.5	0.19
1.0	0.34
1.5	0.43
2.0	0.48

① 0.01   ② 0.02   ③ 0.03

④ 0.04   ⑤ 0.05

07

정규분포 $N(20, 12^2)$을 따르는 모집단에서 크기가 n인 표본을 임의추출할 때, 표본평균 $\overline{X}$에 대하여 $P(20 \leq \overline{X} \leq 23) = 0.43$이다. 자연수 n의 값을 오른쪽 표준정규분포표를 이용하여 구하시오.

z	$P(0 \leq Z \leq z)$
0.5	0.19
1.0	0.34
1.5	0.43
2.0	0.48

08 중요

정규분포 $N(m, 5^2)$을 따르는 모집단에서 크기가 n인 표본을 임의추출할 때, 표본평균 $\overline{X}$에 대하여 $P(0 \leq \overline{X} - m \leq 1.96) = 0.475$를 만족시키는 자연수 n의 값을 구하시오. (단, $P(0 \leq Z \leq 1.96) = 0.475$)

09 ⊙중요

정규분포 $N(m, 5^2)$을 따르는 모집단에서 크기 n인 표본을 임의추출할 때, 표본평균을 $\overline{X}$라 하자. $P\left(|\overline{X}-m| \leq \frac{1}{2}\right) \geq 0.95$이기 위한 자연수 n의 최솟값은? (단, $P(|Z| \leq 1.96)=0.95$)

① 365   ② 375   ③ 385

④ 395   ⑤ 405

10

어느 공장에서 만든 부품의 무게는 표준편차가 $5\,g$인 정규분포를 따른다고 한다. 이 공장에서 만든 부품 중 25개를 임의추출하여 조사했더니 부품의 무게의 평균이 $60\,g$이었다. 이 공장에서 만든 부품의 평균 무게 m의 신뢰도 95 %의 신뢰구간은? (단, $P(|Z| \leq 1.96)=0.95$)

① $58.04 \leq m \leq 61.96$ ② $57.06 \leq m \leq 62.94$

③ $56.08 \leq m \leq 63.92$ ④ $55.10 \leq m \leq 64.90$

⑤ $54.12 \leq m \leq 65.88$

11

어느 고등학교 학생들의 수면 시간은 정규분포를 따른다고 한다. 이 학교 학생 중 100명을 임의추출하여 수면 시간을 조사하였더니 평균이 7시간, 표준편차가 30분이었다. 이 학교 전체 학생들의 수면 시간의 평균 m의 신뢰도 99 %의 신뢰구간을 구하시오.

(단, 단위는 시간이고, $P(|Z| \leq 2.58)=0.99$이다.)

12 ⊙중요

어느 회사에서 생산하는 음료수 한 병의 양은 표준편차가 $5\,mL$인 정규분포를 따른다고 한다. 이 회사에서 생산한 음료수 n병을 임의추출하여 조사했더니 음료수 한 병의 양의 평균이 $180\,mL$이었다. 이 회사에서 생산하는 음료수 한 병의 양의 평균 m의 신뢰도 95 %의 신뢰구간이 $179 \leq m \leq 181$일 때, 자연수 n의 값을 구하시오. (단, $P(|Z| \leq 2)=0.95$)

13

어느 지역의 20대 남자의 키는 정규분포를 따른다고 한다. 이 지역의 20대 남자 100명을 임의추출하여 키를 조사했더니 평균이 $172\,cm$, 표준편차가 $5\,cm$이었다. 이 지역의 20대 남자의 키의 평균의 신뢰도 99 %의 신뢰구간에 속하는 정수의 개수를 구하시오. (단, $P(|Z| \leq 2.58)=0.99$)

14

정규분포를 따르는 모집단에서 표본을 임의추출하여 모평균을 추정할 때, 〈보기〉에서 옳은 것만을 있는 대로 고른 것은?

> **보기**
>
> ㄱ. 신뢰도가 일정할 때, 표본의 크기가 커질수록 신뢰구간은 짧아진다.
> ㄴ. 표본의 크기가 일정할 때, 신뢰도가 높아질수록 신뢰구간은 길어진다.
> ㄷ. 모표준편차와 표본의 크기가 모두 2배가 되면 신뢰구간의 길이는 변하지 않는다.

① ㄱ   ② ㄷ   ③ ㄱ, ㄴ

④ ㄴ, ㄷ   ⑤ ㄱ, ㄴ, ㄷ

15 ⊙중요

어느 공장에서 만든 콜라 1캔은 표준편차가 $3\,g$인 정규분포를 따른다고 한다. 이 공장에서 만든 콜라 중에서 36캔을 임의추출하여 신뢰도 α %로 추정한 모평균의 신뢰구간의 길이가 1.5일 때, 오른쪽 표준정규분포표를 이용하여 α의 값을 구하시오.

z	$P(0 \leq Z \leq z)$
0.5	0.19
1.0	0.34
1.5	0.43
2.0	0.48

표준정규분포표

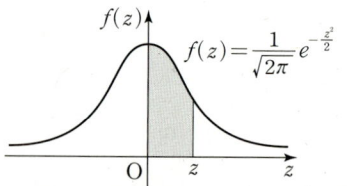

$$f(z) = \frac{1}{\sqrt{2\pi}} e^{-\frac{z^2}{2}}$$

$P(0 \leq Z \leq z)$는 오른쪽 그림에서 어두운 부분의 넓이이다.

z	0.00	0.01	0.02	0.03	0.04	0.05	0.06	0.07	0.08	0.09
0.0	.0000	.0040	.0080	.0120	.0160	.0199	.0239	.0279	.0319	.0359
0.1	.0398	.0438	.0478	.0517	.0557	.0596	.0636	.0675	.0714	.0753
0.2	.0793	.0832	.0871	.0910	.0948	.0987	.1026	.1064	.1103	.1141
0.3	.1179	.1217	.1255	.1293	.1331	.1368	.1406	.1443	.1480	.1517
0.4	.1554	.1591	.1628	.1664	.1700	.1736	.1772	.1808	.1844	.1879
0.5	.1915	.1950	.1985	.2019	.2054	.2088	.2123	.2157	.2190	.2224
0.6	.2257	.2291	.2324	.2357	.2389	.2422	.2454	.2486	.2517	.2549
0.7	.2580	.2611	.2642	.2673	.2704	.2734	.2764	.2794	.2823	.2852
0.8	.2881	.2910	.2939	.2967	.2995	.3023	.3051	.3078	.3106	.3133
0.9	.3159	.3186	.3212	.3238	.3264	.3289	.3315	.3340	.3365	.3389
1.0	.3413	.3438	.3461	.3485	.3508	.3531	.3554	.3577	.3599	.3621
1.1	.3643	.3665	.3686	.3708	.3729	.3749	.3770	.3790	.3810	.3830
1.2	.3849	.3869	.3888	.3907	.3925	.3944	.3962	.3980	.3997	.4015
1.3	.4032	.4049	.4066	.4082	.4099	.4115	.4131	.4147	.4162	.4177
1.4	.4192	.4207	.4222	.4236	.4251	.4265	.4279	.4292	.4306	.4319
1.5	.4332	.4345	.4357	.4370	.4382	.4394	.4406	.4418	.4429	.4441
1.6	.4452	.4463	.4474	.4484	.4495	.4505	.4515	.4525	.4535	.4545
1.7	.4554	.4564	.4573	.4582	.4591	.4599	.4608	.4616	.4625	.4633
1.8	.4641	.4649	.4656	.4664	.4671	.4678	.4686	.4693	.4699	.4706
1.9	.4713	.4719	.4726	.4732	.4738	.4744	.4750	.4756	.4761	.4767
2.0	.4772	.4778	.4783	.4788	.4793	.4798	.4803	.4808	.4812	.4817
2.1	.4821	.4826	.4830	.4834	.4838	.4842	.4846	.4850	.4854	.4857
2.2	.4861	.4864	.4868	.4871	.4875	.4878	.4881	.4884	.4887	.4890
2.3	.4893	.4896	.4898	.4901	.4904	.4906	.4909	.4911	.4913	.4916
2.4	.4918	.4920	.4922	.4925	.4927	.4929	.4931	.4932	.4934	.4936
2.5	.4938	.4940	.4941	.4943	.4945	.4946	.4948	.4949	.4951	.4952
2.6	.4953	.4955	.4956	.4957	.4959	.4960	.4961	.4962	.4963	.4964
2.7	.4965	.4966	.4967	.4968	.4969	.4970	.4971	.4972	.4973	.4974
2.8	.4974	.4975	.4976	.4977	.4977	.4978	.4979	.4979	.4980	.4981
2.9	.4981	.4982	.4982	.4983	.4984	.4984	.4985	.4985	.4986	.4986
3.0	.4987	.4987	.4987	.4988	.4988	.4989	.4989	.4989	.4990	.4990
3.1	.4990	.4991	.4991	.4991	.4992	.4992	.4992	.4992	.4993	.4993
3.2	.4993	.4993	.4994	.4994	.4994	.4994	.4994	.4995	.4995	.4995
3.3	.4995	.4995	.4995	.4996	.4996	.4996	.4996	.4996	.4996	.4997

Memo

Memo

Memo

Memo

Memo

Memo

PROJECT 531

수학을 쉽게

확률과 통계 E

이투스북

정답과 풀이

531 Project Easy

확률과 통계

정답과 풀이

 **Speed Check**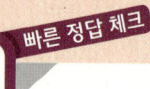

Ⅰ 경우의 수

01 | 순열과 조합

본문 08~11쪽

교과서 핵심 개념별 대표 유형 익히기

개념 ①
1 5, 5, 24	
01 (1) 120 (2) 12	**01-1** (1) 12 (2) 12
02 6	**02-1** 8

개념 ②
1 (1) 64 (2) 25 (3) 81 (4) 64	
03 1024	**03-1** (1) 8 (2) 81
03-2 (1) 125 (2) 60	
04 (1) 24 (2) 64	**04-1** (1) 500 (2) 200

개념 ③
1 5, 2!, 30	
05 (1) 12 (2) 10	**05-1** (1) 15 (2) 10
06 35	**06-1** 36

개념 ④
1 (1) 9, 84 (2) 5, 5 (3) 5, 10	**2** (1) 1 (2) 6 (3) 126 (4) 126
3 (1) 6 (2) 4	
07 (1) 70 (2) 816	**07-1** (1) 7 (2) 15
08 (1) 45 (2) 21	**08-1** (1) 286 (2) 84

대표 유형 다지기

본문 12~13쪽

01 ①	**02** ②	**03** 360	**04** 30	**05** 64	**06** ④	**07** 155	**08** ④	**09** ②
10 ②	**11** ③	**12** ③	**13** ④	**14** ④	**15** ②	**16** ②		

02 | 이항정리

교과서 핵심 개념별 대표 유형 익히기

본문 14~15쪽

개념 ①
1 6	
01 (1) 40 (2) 28	**01-1** (1) 135 (2) $-\dfrac{5}{2}$
01-2 (1) 8 (2) 3	**01-3** ⑤

개념 ②
1 1024	
02 (1) 15 (2) 69 (3) 126	**02-1** (1) 4 또는 5 (2) $n=7, r=3$
03 (1) 1023 (2) 256	**03-1** (1) 10 (2) 4 (3) 0

대표 유형 다지기

본문 16쪽

01 216	**02** ③	**03** ②	**04** 10	**05** ④	**06** ④	**07** ②	**08** ④

Ⅱ 확률

01 | 확률의 뜻과 활용

교과서 핵심 개념별 **대표 유형 익히기**

개념 ①

1 $\dfrac{1}{4}$

01 (1) $\dfrac{1}{6}$ (2) $\dfrac{1}{6}$

01-1 $\dfrac{1}{4}$

02 $\dfrac{7}{50}$

02-1 3

개념 ②

1 (1) $\dfrac{1}{5}$ (2) $\dfrac{2}{5}$

03 $\dfrac{1}{5}$

03-1 ④

04 ⑤

04-1 $\dfrac{1}{5}$

개념 ③

1 $\dfrac{3}{10}$

05 ④

05-1 ⑤

05-2 ②

05-3 ②

개념 ④

1 $\dfrac{8}{15}$

2 $\dfrac{1}{5}$

06 ⑤

06-1 ⑤

07 ④

07-1 ②

개념 ⑤

1 $\dfrac{5}{6}$

2 $\dfrac{3}{4}$

08 ⑤

08-1 ⑤

08-2 ③

08-3 ④

대표 유형 **다지기**

01 ① **02** ① **03** $\dfrac{1}{3}$ **04** ③ **05** ③ **06** ② **07** 83 **08** ② **09** ③

10 $\dfrac{1}{8}$ **11** ④ **12** ④ **13** ① **14** ③ **15** 41 **16** ④

02 | 조건부확률

교과서 핵심 개념별 **대표 유형 익히기**

개념 ①

1 (1) $\dfrac{1}{6}$ (2) $\dfrac{1}{3}$

01 $\dfrac{1}{3}$

01-1 $\dfrac{2}{5}$

02 $\dfrac{3}{7}$

02-1 $\dfrac{6}{11}$

개념 ②

1   (1) $\dfrac{2}{15}$ (2) $\dfrac{4}{15}$

03   ④   03-1 $\dfrac{1}{19}$

04   ③   04-1 $\dfrac{8}{45}$

개념 ③

1   0.06   2 $\dfrac{1}{4}$

05   ④   05-1   ②

06   ⑤   06-1   ⑤

개념 ④

1   $\dfrac{3}{8}$ 2 $\dfrac{8}{81}$

07   ①   07-1   ④

08   ②   08-1 $\dfrac{27}{32}$

대표 유형 다지기
본문 **29~30쪽**

01 ④   02 ②   03 7   04 $\dfrac{4}{7}$ 05 ②   06 $\dfrac{4}{15}$ 07 ④   08 $\dfrac{25}{42}$ 09 ③

10 $\dfrac{12}{35}$ 11 ①   12 $\dfrac{4}{9}$ 13 ①   14 511   15 ⑤   16 19

Ⅲ 통계

01 | 이산확률분포

교과서 핵심 개념별 대표 유형 익히기
본문 **32~36쪽**

개념 ①

1   0, 1, 2

01   $\dfrac{1}{2}$ 01-1 $\dfrac{1}{5}$

01-2 $\dfrac{3}{5}$ 01-3   (1) $\dfrac{1}{8}$ (2) $\dfrac{5}{8}$

개념 ②

1   (1) $\dfrac{1}{2}$ (2) $\dfrac{2}{3}$

02   (1)

X	1	2	3	합계
$P(X=x)$	$\dfrac{1}{2}$	$\dfrac{1}{3}$	$\dfrac{1}{6}$	1

(2) $\dfrac{1}{2}$ (3) $\dfrac{1}{3}$

02-1   ⑤   02-2   ①

02-3   2

개념 ③

1 (1) $\dfrac{23}{12}$ (2) $\dfrac{53}{12}$ (3) $\dfrac{107}{144}$

03 (1) $\dfrac{11}{3}$ (2) $\dfrac{14}{9}$ (3) $\dfrac{\sqrt{14}}{3}$

03-1 $\mathrm{E}(X)=2$, $\mathrm{V}(X)=1$

04 (1) $\dfrac{3}{5}$ (2) $\dfrac{28}{75}$ (3) $\dfrac{2\sqrt{21}}{15}$

04-1 ②

개념 ④

1 (1) 32 (2) 45 (3) $3\sqrt{5}$

05 ④

05-1 (1) 47 (2) 420

06 105

06-1 (1) $\dfrac{23}{7}$ (2) $\dfrac{80}{49}$

개념 ⑤

1 $3, \dfrac{1}{2}$

2 (1) $\dfrac{5}{2}$ (2) $\dfrac{15}{8}$

07 (1) $\dfrac{1}{32}$ (2) $\dfrac{31}{32}$

07-1 181

08 (1) 4 (2) $\dfrac{8}{3}$

08-1 (1) 112 (2) 192

대표 유형 다지기 본문 **37~38**쪽

01 ③ **02** 7 **03** 2 **04** ① **05** ① **06** 15 **07** ② **08** 117 **09** 4

10 323 **11** 30 **12** ③ **13** ③ **14** 3620 **15** 35 **16** 6

---

02 | 연속확률분포

교과서 핵심 개념별 대표 유형 익히기 본문 **39~43**쪽

개념 ①

1 (1) $\dfrac{1}{4}$ (2) $\dfrac{1}{4}$ (3) 0

01 (1) $\dfrac{1}{18}$ (2) $\dfrac{1}{12}$

01-1 (1) 1 (2) $\dfrac{1}{4}$

01-2 ⑤

개념 ②

1 $10, 3^2$

2 $\mathrm{E}(X)=20$, $\mathrm{V}(X)=16$

02 ③

02-1 ③

개념 ③

03 (1) 0.1359 (2) 0.0668 (3) 0.1359 (4) 0.6247

03-1 ④

04 ③

04-1 ②

개념 ④

1 (1) $\mathrm{P}(X\geq 170)$ (2) $\mathrm{P}(Z\geq 1)$

05 ②

05-1 ①

05-2 ④

| 개념 ⑤ | 1 | 18000, $\frac{1}{6}$, 3000, 2500, 3000, 50 | | | | | |

| | 06 | (1) 0.8185 | (2) 0.4772 | (3) 0.0668 | (4) 0.8413 | **06-1** (1) 0.3085 | (2) 0.1587 | (3) 0.7745 | (4) 0.2857 |
| | 07 | (1) 0.8413 | (2) 1260 | | | **07-1** (1) 0.8185 | (2) 363 |

대표 유형 다지기   본문 **44~45쪽**

| **01** 6 | **02** ① | **03** ② | **04** ③ | **05** ⑤ | **06** 6915 | **07** 31 | **08** ② | **09** ④ |
| **10** ② | **11** ③ | **12** ③ | **13** 228 | **14** ④ | **15** ④ | **16** 28 | | |

03 | 통계적 추정

교과서 핵심 개념별 대표 유형 익히기   본문 **46~49쪽**

개념 ❶	1	$\frac{1}{9}$, $\frac{1}{3}$, $\frac{2}{9}$	
	01 ②		01-1 ③
	01-2 ②		

개념 ❷	02 $\frac{1}{3}$		02-1 $\mathrm{E}(\overline{X}) = \frac{7}{2}$, $\mathrm{V}(\overline{X}) = \frac{35}{24}$
	03 ③		03-1 0.8185
	03-2 ②		

| 개념 ❸ | 04 (1) $302.55 \leq m \leq 307.45$ (2) $301.775 \leq m \leq 308.225$ | |
| | 04-1 (1) $55.1 \leq m \leq 64.9$ (2) $53.55 \leq m \leq 66.45$ | 04-2 ③ |

| 개념 ❹ | 05 (1) 1.176 (2) 1.548 | | 05-1 392 |
| | 05-2 ② | | 05-3 ① |

대표 유형 다지기   본문 **50~51쪽**

| **01** ⑤ | **02** ④ | **03** ④ | **04** 6 | **05** 28 | **06** ② | **07** 36 | **08** 25 | **09** ③ |
| **10** ① | **11** $6.871 \leq m \leq 7.129$ | **12** 100 | **13** 3 | **14** ③ | **15** 86 | | | |

01 | 순열과 조합

교과서 핵심 개념별 대표 유형 익히기 본문 08~11쪽

개념 ❶ 원순열

개념 Check

1 5명이 원탁에 둘러앉는 경우의 수는

$$\frac{5!}{5}=(\boxed{5}-1)!=\boxed{24}$$

🖉 5, 5, 24

유형 ⓞ1

(1) 6명이 원탁에 둘러앉는 경우의 수는
$$(6-1)!=5!=120$$

(2) 여학생 3명이 원탁에 둘러앉는 경우의 수는 $(3-1)!=2!=2$
여학생 3명 사이사이에 있는 3개의 자리에 남학생 3명이 앉는
경우의 수는 $_3P_3=3!=6$
따라서 구하는 경우의 수는 $2\times6=12$ 🖉 (1) 120 (2) 12

01-1

(1) 부모를 묶어서 한 사람으로 생각하면 가족의 수는 남은 가족 3명
과 함께 모두 4명이다.
4명이 원탁에 둘러앉는 경우의 수는 $(4-1)!=3!=6$
묶음 안의 부모가 자리를 바꾸는 경우의 수는 $2!=2$
따라서 구하는 경우의 수는 $6\times2=12$

(2) 부모가 이웃하지 않게 앉는 경우의 수는 부모가 남은 가족 3명
의 사이사이에 앉는 경우의 수와 같다.
부모를 제외한 남은 가족 3명이 원탁에 둘러앉는 경우의 수는
$(3-1)!=2!=2$
남은 가족 3명 사이사이에 있는 3개의 자리 중 2개의 자리에 부
모가 앉는 경우의 수는 $_3P_2=6$
따라서 구하는 경우의 수는 $2\times6=12$

• 다른 풀이

(2) 5명이 원탁에 둘러앉는 경우의 수는 $(5-1)!=4!=24$
부모가 이웃하게 앉는 경우의 수는 12이므로 구하는 경우의 수
는 $24-12=12$ 🖉 (1) 12 (2) 12

유형 ⓞ2

오른쪽 그림의 4개의 영역에 4가지 색을 모두 사용
하여 색칠하는 경우의 수는 서로 다른 4개를 원형
으로 배열하는 원순열의 수와 같으므로
$$(4-1)!=3!=6$$

• 다른 풀이

4개의 영역에 4가지 색을 칠하는 경우의 수는 $4!$
그런데 주어진 정사각형이 회전하면 같은 모양이 4가지가 나오므
로 구하는 경우의 수는 $\dfrac{4!}{4}=3!=6$ 🖉 6

02-1

오른쪽 그림에서 가운데 영역에 색칠할 색을
선택하는 경우의 수는 4
남은 3가지의 색을 나머지 영역에 색칠하는 경
우의 수는 서로 다른 3개를 원형으로 배열하는
원순열의 수와 같으므로
$$(3-1)!=2!=2$$
따라서 구하는 경우의 수는
$4\times2=8$ 🖉 8

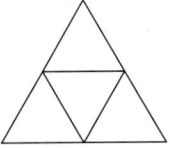

개념 ❷ 중복순열

개념 Check

1 (1) $_4\Pi_3=4^3=64$
(2) $_5\Pi_2=5^2=25$
(3) $_3\Pi_4=3^4=81$
(4) $_2\Pi_6=2^6=64$ 🖉 (1) 64 (2) 25 (3) 81 (4) 64

유형 ⓞ3

5명의 학생이 서로 다른 4개의 반 중에서 하나를 택하는 경우의
수는 서로 다른 4개에서 중복을 허용하여 5개를 택하는 중복순열
의 수와 같으므로
$$_4\Pi_5=4^5=1024$$

• 보충 설명

학생 1명마다 4개의 반 중에서 하나를 택한다.

학생 1	학생 2	학생 3	학생 4	학생 5
4 ×	4 ×	4 ×	4 ×	4

🖉 1024

03-1

(1) 2개의 모스 부호 중에서 3개를 배열하여 만들 수 있는 신호의
수는 서로 다른 2개에서 중복을 허용하여 3개를 택하는 중복순
열의 수와 같으므로 $_2\Pi_3=2^3=8$

(2) 깃발 3개가 있을 때, 한 번에 깃발 한 개씩 4번 들어서 만들 수
있는 신호의 수는 서로 다른 3개에서 중복을 허용하여 4개를
택하는 중복순열의 수와 같으므로
$$_3\Pi_4=3^4=81$$ 🖉 (1) 8 (2) 81

03-2

두 집합 $X=\{1,2,3\}$, $Y=\{a,b,c,d,e\}$에 대하여
(1) X에서 Y로의 함수의 개수는 a,b,c,d,e의 5개에서 중복을
허용하여 3개를 택하는 중복순열의 수와 같으므로
$$_5\Pi_3=5^3=125$$

(2) X에서 Y로의 일대일함수의 개수는 a,b,c,d,e의 5개에서
서로 다른 3개를 택하여 일렬로 배열하는 순열의 수와 같으므로
$$_5P_3=5\times4\times3=60$$ 🖉 (1) 125 (2) 60

유형 04

(1) 1, 2, 3, 4 중에서 서로 다른 3개의 숫자를 택하여 만들 수 있는 세 자리 자연수의 개수는 서로 다른 4개에서 3개를 택하는 순열의 수와 같으므로

$$_4\mathrm{P}_3 = 4 \times 3 \times 2 = 24$$

(2) 1, 2, 3, 4 중에서 중복을 허용하여 3개의 숫자를 택하여 만들 수 있는 세 자리 자연수의 개수는 서로 다른 4개에서 중복을 허용하여 3개를 택하는 중복순열의 수와 같으므로

$$_4\Pi_3 = 4^3 = 64$$

답 (1) 24 (2) 64

04-1

(1) 맨 앞자리에 0이 아닌 숫자를 택하는 경우의 수는 4
남은 3개의 자리의 숫자를 택하는 경우의 수는 서로 다른 5개의 숫자 중에서 중복을 허용하여 3개를 택하는 중복순열의 수와 같으므로 $_5\Pi_3 = 5^3 = 125$
따라서 구하는 자연수의 개수는 $4 \times 125 = 500$

(2) 맨 앞자리에 0이 아닌 숫자를 택하는 경우의 수는 4
홀수가 되려면 일의 자리의 숫자가 1 또는 3이어야 하므로 일의 자리의 숫자를 택하는 경우의 수는 2
남은 2개의 자리의 숫자를 택하는 경우의 수는 서로 다른 5개의 숫자 중에서 중복을 허용하여 2개를 택하는 중복순열의 수와 같으므로 $_5\Pi_2 = 5^2 = 25$
따라서 구하는 홀수의 개수는 $4 \times 2 \times 25 = 200$

답 (1) 500 (2) 200

개념 ③ 같은 것이 있는 순열

개념 Check

1 5개의 문자 a, b, b, c, c를 일렬로 배열하는 경우의 수는

$$\frac{\boxed{5}!}{1! \times 2! \times \boxed{2!}} = \boxed{30}$$

답 5, 2!, 30

유형 05

(1) 4개의 숫자 1, 1, 2, 3을 모두 사용하여 만들 수 있는 네 자리 자연수의 개수는 4개의 숫자 1, 1, 2, 3을 일렬로 배열하는 경우의 수와 같으므로

$$\frac{4!}{2! \times 1! \times 1!} = 12$$

(2) 1, 1, 1, 2, 2 중에서 4개의 숫자를 택하는 경우는 1, 1, 1, 2 또는 1, 1, 2, 2의 2가지가 있다.

(ⅰ) 1, 1, 1, 2를 사용하여 만들 수 있는 네 자리 자연수의 개수는

$$\frac{4!}{3! \times 1!} = 4$$

(ⅱ) 1, 1, 2, 2를 사용하여 만들 수 있는 네 자리 자연수의 개수는

$$\frac{4!}{2! \times 2!} = 6$$

(ⅰ), (ⅱ)에서 구하는 네 자리 자연수의 개수는

$$4 + 6 = 10$$

답 (1) 12 (2) 10

05-1

(1) 6개의 숫자 1, 1, 2, 2, 2, 2를 모두 사용하여 만들 수 있는 여섯 자리 자연수의 개수는 6개의 숫자 1, 1, 2, 2, 2, 2를 일렬로 배열하는 경우의 수와 같으므로

$$\frac{6!}{2! \times 4!} = 15$$

(2) 1과 2를 묶어서 하나로 생각하면 숫자의 개수는 남은 숫자 4개와 함께 모두 5개이다. 5개의 숫자를 일렬로 배열하는 경우의 수는

$$\frac{5!}{1! \times 4!} = 5$$

묶음 안의 숫자가 자리를 바꾸는 경우의 수는 $2! = 2$
따라서 구하는 자연수의 개수는

$$5 \times 2 = 10$$

답 (1) 15 (2) 10

유형 06

오른쪽 그림과 같이 오른쪽으로 한 칸 가는 것을 a, 위쪽으로 한 칸 가는 것을 b로 나타내면 A지점에서 B지점까지 최단 거리로 가는 경우의 수는 4개의 a와 3개의 b를 일렬로 배열하는 순열의 수와 같다.
따라서 구하는 경우의 수는

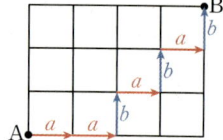

$$\frac{7!}{4! \times 3!} = 35$$

답 35

06-1

오른쪽 그림과 같이 오른쪽으로 한 칸 가는 것을 a, 위쪽으로 한 칸 가는 것을 b로 나타내면 A지점에서 C지점까지 최단 거리로 가는 경우의 수는 2개의 a와 2개의 b를 일렬로 배열하는 순열의 수와 같으므로

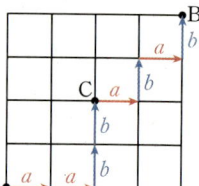

$$\frac{4!}{2! \times 2!} = 6$$

C지점에서 B지점까지 최단 거리로 가는 경우의 수는 2개의 a와 2개의 b를 일렬로 배열하는 순열의 수와 같으므로

$$\frac{4!}{2! \times 2!} = 6$$

따라서 A지점에서 C지점을 거쳐 B지점까지 최단 거리로 가는 경우의 수는

$$6 \times 6 = 36$$

답 36

개념 ④ 중복조합

개념 Check

1 (1) $_7\mathrm{H}_3 = {}_{7+3-1}\mathrm{C}_3 = {}_{\boxed{9}}\mathrm{C}_3 = \boxed{84}$

(2) $_2\mathrm{H}_4 = {}_{2+4-1}\mathrm{C}_4 = {}_{\boxed{5}}\mathrm{C}_4 = {}_5\mathrm{C}_1 = \boxed{5}$

(3) $_3\mathrm{H}_3 = {}_{3+3-1}\mathrm{C}_3 = {}_{\boxed{5}}\mathrm{C}_3 = {}_5\mathrm{C}_2 = \boxed{10}$

답 (1) 9, 84 (2) 5, 5 (3) 5, 10

2 (1) $_4H_0 = _{4+0-1}C_0 = _3C_0 = 1$
　(2) $_3H_2 = _{3+2-1}C_2 = _4C_2 = 6$
　(3) $_5H_5 = _{5+5-1}C_5 = _9C_5 = _9C_4 = 126$
　(4) $_6H_4 = _{6+4-1}C_4 = _9C_4 = 126$

　　　　　　　　　🔑 (1) 1　(2) 6　(3) 126　(4) 126

3 (1) $_nH_2 = _{n+2-1}C_2 = _{n+1}C_2 = \dfrac{(n+1)n}{2 \times 1} = 21$
　　$n^2+n-42=0, (n+7)(n-6)=0$
　　$\therefore n=6 \ (\because n$은 자연수$)$
　(2) $_5H_r = _{5+r-1}C_r = _{r+4}C_r = _{r+4}C_4$에서
　　$(r+4)(r+3)(r+2)(r+1) = 1680$
　　그런데 $8 \times 7 \times 6 \times 5 = 1680$이므로 $r=4$　🔑 (1) 6　(2) 4

유형 07

(1) 서로 다른 과일 5종류 중에서 중복을 허용하여 4개를 구입하는
　경우의 수는 서로 다른 5개에서 중복을 허용하여 4개를 택하는
　중복조합의 수와 같으므로
　$_5H_4 = _8C_4 = 70$
(2) 후보 네 명에게 유권자 15명이 무기명으로 투표를 할 때, 가능
　한 투표 결과의 개수는 서로 다른 4개에서 중복을 허용하여 15
　개를 택하는 중복조합의 수와 같으므로
　$_4H_{15} = _{18}C_{15} = _{18}C_3 = 816$

　　　　　　　　　　　　　　🔑 (1) 70　(2) 816

07-1

(1) $(a+b)^6$을 전개할 때 생기는 모든 항은 두 문자 a, b 중에서
　중복을 허용하여 택한 문자 6개의 곱으로 이루어져 있다.
　따라서 $(a+b)^6$을 전개할 때 생기는 모든 항의 개수는 서로 다
　른 2개에서 중복을 허용하여 6개를 택하는 중복조합의 수와 같
　으므로
　$_2H_6 = _7C_6 = _7C_1 = 7$
(2) 3개의 문자 a, b, c로 만들 수 있는 계수가 1인 서로 다른 사차
　단항식의 개수는 서로 다른 3개에서 중복을 허용하여 4개를 택
　하는 중복조합의 수와 같으므로
　$_3H_4 = _6C_4 = _6C_2 = 15$　　　　🔑 (1) 7　(2) 15

유형 08

(1) 방정식 $x+y+z=8$의 음이 아닌 정수인 해의 개수는 세 문자
　x, y, z 중에서 중복을 허용하여 8개를 택하는 중복조합의 수
　와 같으므로
　$_3H_8 = _{10}C_8 = _{10}C_2 = 45$
(2) x, y, z는 양의 정수이므로 $x=x'+1, y=y'+1, z=z'+1$
　$(x', y', z'$은 음이 아닌 정수$)$로 놓으면
　$x+y+z=8$에서
　$(x'+1)+(y'+1)+(z'+1)=8$
　$\therefore x'+y'+z'=5$ 　　　　　　…… ㉠

따라서 방정식 $x+y+z=8$의 양의 정수인 해의 개수는 방정식
㉠의 음이 아닌 정수인 해의 개수와 같다.
즉, 서로 다른 3개에서 중복을 허용하여 5개를 택하는 중복조
합의 수와 같으므로
$_3H_5 = _7C_5 = _7C_2 = 21$　　　　　🔑 (1) 45　(2) 21

08-1

(1) 방정식 $x+y+z+w=10$의 음이 아닌 정수인 해의 개수는 네
　문자 x, y, z, w 중에서 중복을 허용하여 10개를 택하는 중복
　조합의 수와 같으므로
　$_4H_{10} = _{13}C_{10} = _{13}C_3 = 286$
(2) x, y, z, w는 양의 정수이므로 $x=x'+1, y=y'+1,$
　$z=z'+1, w=w'+1 \ (x', y', z', w'$은 음이 아닌 정수$)$로 놓
　으면 $x+y+z+w=10$에서
　$(x'+1)+(y'+1)+(z'+1)+(w'+1)=10$
　$\therefore x'+y'+z'+w'=6$ 　　　　…… ㉠
　따라서 방정식 $x+y+z+w=10$의 양의 정수인 해의 개수는
　방정식 ㉠의 음이 아닌 정수해의 개수와 같다.
　즉, 서로 다른 4개에서 중복을 허용하여 6개를 택하는 중복조
　합의 수와 같으므로
　$_4H_6 = _9C_6 = _9C_3 = 84$　　　　🔑 (1) 286　(2) 84

대표 유형 다지기　　　　　　　　　본문 **12~13쪽**

01 ①	**02** ②	**03** 360	**04** 30	**05** 64
06 ④	**07** 155	**08** ④	**09** ②	**10** ②
11 ③	**12** ③	**13** ④	**14** ④	**15** ②
16 ②				

01
부모와 딸을 묶어서 한 사람으로 생각하면 가족의 수는 아들 3명
과 함께 모두 4명이다. 4명이 원탁에 둘러앉는 경우의 수는
$(4-1)! = 3! = 6$
묶음 안의 딸은 부모 사이에 있어야 하므로 부모만 자리를 바꾸는
경우의 수는 $2! = 2$
따라서 구하는 경우의 수는
$6 \times 2 = 12$　　　　　　　　　　　　🔑 ①

02
남학생 4명이 원탁에 둘러앉는 경우의 수는
$(4-1)! = 3! = 6$
남학생 사이사이에 있는 4개의 자리 중에서 여학생 2명이 마주 보
며 앉을 자리를 선택하는 경우의 수는 2
여학생 2명이 자리를 바꾸는 경우의 수는 2
따라서 여학생 2명이 마주 보며 앉는 경우의 수는
$6 \times 2 \times 2 = 24$

· 다른 풀이

여학생 2명이 마주 보며 원탁에 둘러앉는 경우의 수는
$(2-1)!=1!=1$
남은 4개의 자리에 4명의 남학생이 앉는 경우의 수는
$_4P_4=4!=24$
따라서 여학생 2명이 마주 보며 앉는 경우의 수는
$1\times24=24$

답 ②

03

6명이 원탁에 둘러앉는 경우의 수는
$(6-1)!=5!=120$
직사각형 모양의 탁자를 회전시켰을 때 일치하지 않는 경우의 수는 3
따라서 탁자에 6명이 둘러앉는 경우의 수는
$120\times3=360$

· 다른 풀이

특정한 한 사람이 A 자리 또는 B 자리 또는 C 자리에 앉는 경우의 수는 3
남은 5명이 5개의 자리에 앉는 경우의 수는 5!
따라서 탁자에 6명이 둘러앉는 경우의 수는
$3\times5!=3\times120=360$

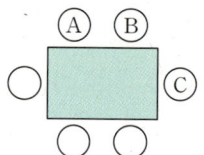

답 360

04

정사각뿔의 밑면에 칠할 색을 선택하는 경우의 수는 5
남은 4개의 색을 옆면에 칠하는 경우의 수는 서로 다른 4개를 원형으로 배열하는 원순열의 수와 같으므로 $(4-1)!=3!=6$
따라서 구하는 경우의 수는
$5\times6=30$

답 30

05

서로 다른 6통의 편지를 서로 다른 2개의 우체통에 넣는 경우의 수는 서로 다른 2개 중에서 중복을 허용하여 6개를 택하는 중복순열의 수와 같으므로
$_2\Pi_6=2^6=64$

· 보충 설명

편지 1통마다 2개의 우체통 중에서 하나를 택한다.

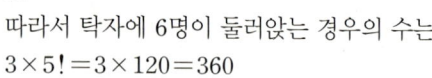

편지 1	편지 2	편지 3	편지 4	편지 5	편지 6
2 ×	2 ×	2 ×	2 ×	2 ×	2

답 64

06

4개의 숫자 1, 2, 3, 4 중에서 중복을 허용하여 3개의 숫자를 택하여 만들 수 있는 세 자리 자연수의 개수는 $_4\Pi_3=4^3=64$
1을 제외한 3개의 숫자 2, 3, 4 중에서 중복을 허용하여 3개의 숫자를 택하여 만들 수 있는 세 자리 자연수의 개수는 $_3\Pi_3=3^3=27$
따라서 숫자 1이 포함되는 세 자리 자연수의 개수는
$64-27=37$

· 보충 설명

1이 포함되는 세 자리 자연수의 개수는 전체 세 자리 자연수의 개수에서 1이 포함되지 않는 세 자리 자연수의 개수를 뺀 값과 같다.

답 ④

07

5개의 숫자 1, 2, 3, 4, 5로 중복을 허용하여 만들 수 있는 세 자리 이하의 자연수의 개수를 구해 보면
한 자리 자연수의 개수는 $_5\Pi_1=5^1=5$
두 자리 자연수의 개수는 $_5\Pi_2=5^2=25$
세 자리 자연수의 개수는 $_5\Pi_3=5^3=125$
따라서 구하는 자연수의 개수는 $5+25+125=155$

답 155

08

함수 $f:X\longrightarrow Y$의 개수는 1, 2, 3, 4, 5의 5개에서 중복을 허용하여 3개를 택하는 중복순열의 수와 같으므로
$_5\Pi_3=5^3=125$
함수 $f:X\longrightarrow Y$ 중에서 $f(1)=1$인 함수의 개수는 $f(2)$, $f(3)$의 값으로 1, 2, 3, 4, 5의 5개에서 중복을 허용하여 2개를 택하는 중복순열의 수와 같으므로 $_5\Pi_2=5^2=25$
따라서 함수 $f:X\longrightarrow Y$ 중에서 $f(1)\neq1$인 함수의 개수는
$125-25=100$

답 ④

09

4개의 문자 b, c, d, d를 일렬로 배열하는 경우의 수는 $\dfrac{4!}{2!}=12$

4개의 문자 사이사이와 양 끝의 모두 5개의 자리 중에서 2개의 자리를 택하여 a를 배열하는 경우의 수는 $_5C_2=10$
따라서 구하는 경우의 수는 $12\times10=120$

· 다른 풀이

6개의 문자 a, a, b, c, d, d를 일렬로 배열하는 경우의 수는
$\dfrac{6!}{2!\times2!}=180$

두 개의 a를 묶어 하나로 생각하면 문자의 개수는 남은 문자 4개와 함께 모두 5개이다. 5개의 문자를 일렬로 배열하는 경우의 수는
$\dfrac{5!}{2!}=60$

따라서 구하는 경우의 수는 $180-60=120$

답 ②

10

2, 2, 3, 3, 3에서 3개를 택하는 경우는 2, 2, 3 또는 2, 3, 3 또는 3, 3, 3의 3가지이다.

(i) 2, 2, 3으로 만들 수 있는 세 자리 자연수의 개수는
$\dfrac{3!}{2!\times1!}=3$

(ii) 2, 3, 3으로 만들 수 있는 세 자리 자연수의 개수는
$\dfrac{3!}{1!\times2!}=3$

(iii) 3, 3, 3으로 만들 수 있는 세 자리 자연수의 개수는 1

(i)~(iii)에서 구하는 세 자리 자연수의 개수는
$3+3+1=7$

답 ②

11

convert에 있는 7개의 문자를 일렬로 배열할 때, c, e, r의 순서가 정해져 있으므로 이 3개의 문자를 같은 문자 x로 생각한다.

7개의 문자 x, o, n, v, x, x, t를 일렬로 나열한 후 첫 번째 x는 c, 두 번째 x는 e, 세 번째 x는 r로 바꾸면 된다.

따라서 구하는 경우의 수는

$$\frac{7!}{3!}=840$$

• 보충 설명 •

7개의 문자 c, o, n, v, e, r, t를 일렬로 배열하는 경우의 수는 7!
c, e, r를 일렬로 배열하는 경우의 수는 3!이고, 그 중에서 c, e, r의 순서인 것만 구하는 경우의 수는

$$7! \times \frac{1}{3!}=840$$

답 ③

12

A지점에서 B지점까지 최단 거리로 가는 경우는 다음의 그림과 같이 지점 P, Q, R 중에서 하나를 거쳐서 가는 세 가지가 있다.

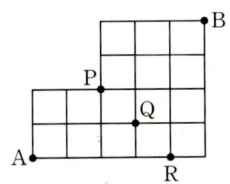

(i) A → P → B의 경로로 가는 경우

A지점에서 P지점까지 최단 거리로 가는 경우의 수는 2개의 a, 2개의 b를 일렬로 배열하는 순열의 수와 같으므로

$$\frac{4!}{2! \times 2!}=6$$

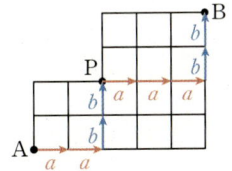

P지점에서 B지점까지 최단 거리로 가는 경우의 수는 3개의 a, 2개의 b를 일렬로 배열하는 순열의 수와 같으므로

$$\frac{5!}{3! \times 2!}=10$$

따라서 A → P → B의 경로로 가는 경우의 수는

$$6 \times 10=60$$

(ii) A → Q → B의 경로로 가는 경우

A지점에서 Q지점까지 최단 거리로 가는 경우의 수는 $\frac{4!}{3!}=4$

Q지점에서 B지점까지 최단 거리로 가는 경우의 수는 $\frac{5!}{2! \times 3!}=10$

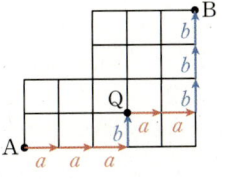

따라서 A → Q → B의 경로로 가는 경우의 수는

$$4 \times 10=40$$

(iii) A → R → B의 경로로 가는 경우

A지점에서 R지점까지 최단 거리로 가는 경우의 수는 1

R지점에서 B지점까지 최단 거리로 가는 경우의 수는 $\frac{5!}{4!}=5$

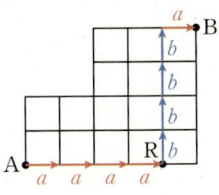

따라서 A → R → B의 경로로 가는 경우의 수는 $1 \times 5=5$

(i)~(iii)에서 A지점에서 B지점까지 최단 거리로 가는 경우의 수는

$$60+40+5=105$$

답 ③

13

$_7H_r=6 \times _4H_r$에서

$_{7+r-1}C_r=6 \times _{4+r-1}C_r$

$_{r+6}C_r=6 \times _{r+3}C_r$

$_{r+6}C_6=6 \times _{r+3}C_3$

$$\frac{(r+6)(r+5)(r+4)(r+3)(r+2)(r+1)}{6!}$$
$$=6 \times \frac{(r+3)(r+2)(r+1)}{3!}$$

$$\frac{(r+6)(r+5)(r+4)}{6!}=1$$

$$(r+6)(r+5)(r+4)=6!=720$$

그런데 $10 \times 9 \times 8=720$이므로 $r=4$

답 ④

14

x, y, z는 홀수이므로 $x=2x'+1, y=2y'+1, z=2z'+1$
(x', y', z'은 음이 아닌 정수)로 놓으면

$x+y+z=15$에서

$(2x'+1)+(2y'+1)+(2z'+1)=15$

$\therefore x'+y'+z'=6$ ······ ㉠

따라서 방정식 $x+y+z=15$를 만족시키는 홀수인 자연수의 순서쌍의 개수는 방정식 ㉠의 음이 아닌 정수인 해의 개수와 같다.

즉, 서로 다른 3개에서 중복을 허용하여 6개를 택하는 중복조합의 수와 같으므로

$$_3H_6=_8C_6=_8C_2=28$$

• 보충 설명 •

방정식 $x'+y'+z'=6$의 음이 아닌 정수해의 개수는 서로 다른 3개에서 6개를 택하는 중복조합의 수와 같으므로 $_3H_6=28$

그런데 방정식 $x'+y'+z'=6$의 음이 아닌 정수인 해의 순서쌍을

$(0, 1, 5) \Rightarrow |○|○○○○○$

$(1, 2, 3) \Rightarrow ○|○○|○○○$

$(2, 2, 2) \Rightarrow ○○|○○|○○$

와 같이 그림으로 나타내면 이 방정식의 음이 아닌 정수인 해의 개수는 ○ 6개, | 2개를 일렬로 배열하는 경우의 수와 같으므로

$$\frac{8!}{6! \times 2!}=28$$

과 같이 구할 수도 있다.

답 ④

15

4개의 바둑통 A, B, C, D에 넣는 바둑돌의 개수를 각각 a, b, c, d라 하면 $a \geq 1, b \geq 2, c \geq 0, d \geq 0$

$a=a'+1, b=b'+2$ (a', b'은 음이 아닌 정수)로 놓으면

$a+b+c+d=12$에서

$(a'+1)+(b'+2)+c+d=12$

$\therefore a'+b'+c+d=9$ ······ ㉠

따라서 바둑돌을 넣는 경우의 수는 방정식 ㉠의 음이 아닌 정수인 해의 개수와 같다.

즉, 서로 다른 4개에서 중복을 허용하여 9개를 택하는 중복조합의 수와 같으므로

$$_4H_9 = {}_{12}C_9 = {}_{12}C_3 = 220$$

답 ②

16

(i) 공책 4권을 나누어 주는 경우의 수

3명에게 공책 한 권씩 주고, 3명 중에서 남는 공책 한 권을 받아갈 학생을 택하는 경우의 수와 같으므로 $_3C_1 = 3$

(ii) 지우개 5개를 나누어 주는 경우의 수

공책을 한 권만 받은 학생은 2명이므로 이 2명에게 줄 지우개의 개수를 각각 x, y라 하면 2명에게 지우개 5개를 적어도 하나씩 주는 경우의 수는 방정식 $x + y = 5$ (x, y는 자연수)의 해의 개수와 같다.

$x = x' + 1$, $y = y' + 1$ (x', y'은 음이 아닌 정수)로 놓으면

$x + y = 5$에서

$(x' + 1) + (y' + 1) = 5$

$\therefore x' + y' = 3$ ...... ㉠

따라서 지우개를 나누어 주는 경우의 수는 방정식 ㉠의 음이 아닌 정수인 해의 개수와 같다.

즉, 서로 다른 2개에서 중복을 허용하여 3개를 택하는 중복조합의 수와 같으므로

$$_2H_3 = {}_4C_3 = {}_4C_1 = 4$$

(i), (ii)에서 구하는 경우의 수는

$3 \times 4 = 12$

답 ②

02 | 이항정리

교과서 핵심 개념별 대표 유형 익히기 본문 14~15쪽

개념 ① 이항정리

개념 Check

1 $(x + y)^6$의 전개식의 일반항은 $_6C_r x^{6-r} y^r$

xy^5이 되는 것은 $r = 5$일 때이므로 xy^5의 계수는

$$_6C_5 = {}_6C_1 = 6$$

답 6

유형 01

(1) $(2x + y)^5$의 전개식의 일반항은

$$_5C_r (2x)^{5-r} y^r = {}_5C_r 2^{5-r} x^{5-r} y^r$$

$x^2 y^3$항은 $r = 3$일 때이므로 $x^2 y^3$의 계수는

$$_5C_3 \times 2^2 = 10 \times 4 = 40$$

(2) $\left(x^3 + \dfrac{1}{x}\right)^8$의 전개식의 일반항은

$$_8C_r (x^3)^{8-r}\left(\dfrac{1}{x}\right)^r = {}_8C_r \dfrac{x^{24-3r}}{x^r}$$

상수항은 $r = 6$일 때이므로

$$_8C_6 = {}_8C_2 = 28$$

답 (1) 40 (2) 28

01-1

(1) $(x - 3y)^6$의 전개식의 일반항은

$$_6C_r x^{6-r}(-3y)^r = {}_6C_r (-3)^r x^{6-r} y^r$$

$x^4 y^2$항은 $r = 2$일 때이므로 $x^4 y^2$의 계수는

$$_6C_2 \times (-3)^2 = 15 \times 9 = 135$$

(2) $\left(x^2 - \dfrac{1}{2x}\right)^6$의 전개식의 일반항은

$$_6C_r (x^2)^{6-r} \times \left(-\dfrac{1}{2x}\right)^r = {}_6C_r \left(-\dfrac{1}{2}\right)^r \dfrac{x^{12-2r}}{x^r}$$

x^3항은 $r = 3$일 때이므로 x^3의 계수는

$$_6C_3 \times \left(-\dfrac{1}{2}\right)^3 = -\dfrac{5}{2}$$

답 (1) 135 (2) $-\dfrac{5}{2}$

01-2

(1) 다항식 $(x + 1)^n$의 전개식에서 일반항은 $_nC_r x^r 1^{n-r} = {}_nC_r x^r$

x^2항은 $r = 2$일 때이므로 x^2의 계수는 $_nC_2$

이때, x^2의 계수가 28이므로

$$_nC_2 = 28, \quad \dfrac{n(n-1)}{2} = 28$$

$n(n-1) = 56$, $n^2 - n - 56 = 0$

$(n - 8)(n + 7) = 0$

$\therefore n = 8$ ($\because n$은 자연수)

(2) 다항식 $(x + a)^5$의 전개식에서 일반항은 $_5C_r x^{5-r} a^r$

x^2항은 $r = 3$일 때이므로 x^2의 계수는 $_5C_3 a^3$

이때, x^2의 계수가 270이므로

$$_5C_3 a^3 = 270, \quad {}_5C_2 a^3 = 270$$

$10a^3=270, a^3=27$

$\therefore a=3 \ (\because a$는 실수$)$

답 (1) 8 (2) 3

01-3

$(x-a)^5$의 전개식의 일반항은

$_5C_r x^{5-r}(-a)^r$ ...... ㉠

(i) x항은 ㉠에서 $r=4$일 때이므로 x의 계수는

$_5C_4(-a)^4=5a^4$

(ii) 상수항은 ㉠에서 $r=5$일 때이므로

$_5C_5(-a)^5=-a^5$

(i), (ii)에서 x의 계수와 상수항의 합이 0이므로

$5a^4-a^5=0, a^4(5-a)=0$

$\therefore a=5 \ (\because a>0)$

답 ⑤

개념 ② 이항정리의 활용

개념 Check

1 $_{10}C_0+_{10}C_1+_{10}C_2+\cdots+_{10}C_{10}=2^{10}=1024$

답 1024

유형 ②

(1) $_{n-1}C_{r-1}+_{n-1}C_r=_nC_r$에서

$_2C_0+_2C_1=_3C_1$,

$_3C_1+_3C_2=_4C_2$,

$_4C_2+_4C_3=_5C_3$,

$_5C_3+_5C_4=_6C_4$이므로

$_2C_0+_2C_1+_3C_2+_4C_3+_5C_4=_6C_4=_6C_2=15$

(2) $_{n-1}C_{r-1}+_{n-1}C_r=_nC_r$에서

$_4C_0+_4C_1=_5C_1$,

$_5C_1+_5C_2=_6C_2$,

$_6C_2+_6C_3=_7C_3$,

$_7C_3+_7C_4=_8C_4$이므로

$_4C_1+_5C_2+_6C_3+_7C_4=_8C_4-_4C_0=70-1=69$

(3) $_4C_4=_5C_5, \ _{n-1}C_{r-1}+_{n-1}C_r=_nC_r$에서

$_4C_4+_5C_4=_5C_5+_5C_4=_6C_5$,

$_6C_5+_6C_4=_7C_5$,

$_7C_5+_7C_4=_8C_5$,

$_8C_5+_8C_4=_9C_5$이므로

$_4C_4+_5C_4+_6C_4+_7C_4+_8C_4=_9C_5=_9C_4=126$

답 (1) 15 (2) 69 (3) 126

02-1

(1) $_8C_r+_8C_{r-1}=_9C_r$에서 $_9C_r=_9C_4$

따라서 $r=4$ 또는 $r=5$

(2) $_nC_r+_nC_{r+1}=_{n+1}C_{r+1}$에서 $_{n+1}C_{r+1}=_8C_4$

따라서 $n=7$이고 $r=3$

답 (1) 4 또는 5 (2) $n=7, r=3$

유형 ③

(1) $_{10}C_1+_{10}C_2+_{10}C_3+\cdots+_{10}C_{10}$

$=(_{10}C_0+_{10}C_1+_{10}C_2+_{10}C_3+\cdots+_{10}C_{10})-_{10}C_0$

$=2^{10}-1$

$=1023$

(2) $_9C_1+_9C_3+_9C_5+_9C_7+_9C_9=2^{9-1}=256$

• 보충 설명

(2)에서

$_9C_1+_9C_3+_9C_5+_9C_7+_9C_9=_9C_0+_9C_2+_9C_4+_9C_6+_9C_8=256$

답 (1) 1023 (2) 256

03-1

(1) $_nC_0+_nC_1+_nC_2+\cdots+_nC_n=2^n$

$2^9=512, 2^{10}=1024, \cdots$이므로 $2^n>1000$을 만족시키는 자연수 n의 최솟값은 10이다.

(2) $_{2n}C_0+_{2n}C_2+\cdots+_{2n}C_{2n}=128=2^7$

이므로 $2n-1=7$

$\therefore n=4$

(3) $_nC_0-_nC_1+_nC_2-_nC_3+\cdots+(-1)^n \ _nC_n=0$

이므로

$_{20}C_0-_{20}C_1+_{20}C_2-_{20}C_3+\cdots+_{20}C_{20}=0$

답 (1) 10 (2) 4 (3) 0

대표 유형 다지기 본문 **16**쪽

01 216 **02** ③ **03** ② **04** 10 **05** ④

06 ④ **07** ② **08** ④

01

다항식 $(2x+a)^4$의 전개식의 일반항은 $_4C_r(2x)^{4-r}a^r$

x^3항은 $r=1$일 때이므로 x^3의 계수는 $_4C_1\times 2^3\times a$

x^3의 계수가 -96이므로 $_4C_1\times 2^3\times a=-96$

$32a=-96$

$\therefore a=-3$

이때, x^2항은 $r=2$일 때이므로 x^2의 계수는

$_4C_2\times 2^2\times a^2=\dfrac{4\times 3}{2\times 1}\times 4\times(-3)^2=216$

답 216

02

다항식 $(1+x)^n$의 전개식의 일반항은 $_nC_r 1^{n-r}x^r=_nC_r x^r$

x^2항은 $r=2$일 때이므로 x^2의 계수 a는 $_nC_2$

x^3항은 $r=3$일 때이므로 x^3의 계수 b는 $_nC_3$

x^4항은 $r=4$일 때이므로 x^4의 계수 c는 $_nC_4$

$2a+b=c$에서 $2\times _nC_2+_nC_3=_nC_4$

$2\times \dfrac{n(n-1)}{2\times 1}+\dfrac{n(n-1)(n-2)}{3\times 2\times 1}=\dfrac{n(n-1)(n-2)(n-3)}{4\times 3\times 2\times 1}$

$24+4(n-2)=(n-2)(n-3)$

$4n+16=n^2-5n+6$

$n^2-9n-10=0$

$(n-10)(n+1)=0$
$\therefore n=10$ ($\because n$은 자연수)   답 ③

03

$(2x+1)^4$의 전개식의 일반항은
$_4C_r(2x)^{4-r}\times1^r=_4C_r\times2^{4-r}x^{4-r}$
$(x-3)^3$의 전개식의 일반항은
$_3C_s x^{3-s}(-3)^s=_3C_s\times(-3)^s x^{3-s}$
따라서 $(2x+1)^4(x-3)^3$의 전개식의 일반항은
$_4C_r\times2^{4-r}x^{4-r}\times_3C_s\times(-3)^s x^{3-s}$
$=_4C_r\times_3C_s\times2^{4-r}\times(-3)^s\times x^{7-r-s}$ (단, $0\le r\le4$, $0\le s\le3$)
         …… ㉠

x^5항은 $7-r-s=5$, 즉 $r+s=2$인 경우이므로 이를 만족시키는 r, s의 순서쌍 (r,s)는 $(0,2)$, $(1,1)$, $(2,0)$
이를 각각 ㉠에 대입하여 더하면 x^5의 계수는
$_4C_0\times_3C_2\times2^4\times(-3)^2+_4C_1\times_3C_1\times2^3\times(-3)^1+_4C_2\times_3C_0\times2^2$
$=432-288+24$
$=168$ 답 ②

04

$_1C_0=_2C_0$이므로 $_{n-1}C_{r-1}+_{n-1}C_r=_nC_r$에서
$_1C_0+_2C_1=_2C_0+_2C_1=_3C_1$
$_3C_1+_3C_2=_4C_2$
$_4C_2+_4C_3=_5C_3=10$
$\therefore _1C_0+_2C_1+_3C_2+_4C_3=_5C_3=10$

• 다른 풀이

파스칼의 삼각형에서 왼쪽의 1부터 시작하여 오른쪽 아래의 대각선 방향으로 네 개의 수 $_1C_0$, $_2C_1$, $_3C_2$, $_4C_3$을 더한 값은 $_4C_3$이 있는 행의 다음 행의 네 번째 수인 $_5C_3$과 같다.
$\therefore _1C_0+_2C_1+_3C_2+_4C_3=_5C_3=_5C_2=10$ 답 10

05

$_1C_0=_2C_0$이므로 $_{n-1}C_{r-1}+_{n-1}C_r=_nC_r$에서
$_1C_0+_2C_1=_2C_0+_2C_1=_3C_1$
$_3C_1+_3C_2=_4C_2$
$_4C_2+_4C_3=_5C_3$
     ⋮
$_{12}C_{10}+_{12}C_{11}=_{13}C_{11}$ 답 ④

06

$(1+x)^7+(1+x)^8+(1+x)^9+(1+x)^{10}$의 전개식에서 x^7의 계수는
$_7C_7+_8C_7\times1^1+_9C_7\times1^2+_{10}C_7\times1^3$
$=_7C_7+_8C_7+_9C_7+_{10}C_7$
이때, $_7C_7=_8C_8$이므로
$_7C_7+_8C_7=_8C_8+_8C_7=_9C_8$
$_9C_8+_9C_7=_{10}C_8$
$_{10}C_8+_{10}C_7=_{11}C_8$
$\therefore _7C_7+_8C_7+_9C_7+_{10}C_7=_{11}C_8=_{11}C_3=165$ 답 ④

07

$_{17}C_9+_{17}C_{10}+_{17}C_{11}+\cdots+_{17}C_{17}=_{17}C_8+_{17}C_7+_{17}C_6+\cdots+_{17}C_0$
이고,
$_{17}C_0+_{17}C_1+_{17}C_2+\cdots+_{17}C_{17}=2^{17}$
이므로
$(_{17}C_0+_{17}C_1+\cdots+_{17}C_8)+(_{17}C_9+_{17}C_{10}+\cdots+_{17}C_{17})=2^{17}$
$2(_{17}C_9+_{17}C_{10}+_{17}C_{11}+\cdots+_{17}C_{17})=2^{17}$
$\therefore _{17}C_9+_{17}C_{10}+_{17}C_{11}+\cdots+_{17}C_{17}=\dfrac{2^{17}}{2}=2^{16}$ 답 ②

08

$(1+x)^n=_nC_0\times1^n+_nC_1\times1^{n-1}\times x^1+\cdots+_nC_n\times x^n$이므로
$_6C_0+6\times_6C_1+6^2\times_6C_2+\cdots+6^6\times_6C_6$
$=_6C_0\times1^6+_6C_1\times1^5\times6^1+_6C_2\times1^4\times6^2+\cdots+_6C_6\times6^6$
$=(1+6)^6$
$=7^6$ 답 ④

01 | 확률의 뜻과 활용

교과서 핵심 개념별 **대표 유형 익히기**   본문 18~22쪽

개념 ❶ 수학적 확률과 통계적 확률

개념 Check

1 주머니에서 임의로 한 개의 공을 꺼낼 때, 일어날 수 있는 모든 경우의 집합을 S, 3의 배수가 적힌 공이 나오는 사건을 A라 하자.

$S=\{1, 2, 3, 4, 5, 6, 7, 8\}$이므로 $n(S)=8$

$A=\{3, 6\}$이므로 $n(A)=2$

따라서 구하는 확률은

$$P(A)=\frac{n(A)}{n(S)}=\frac{2}{8}=\frac{1}{4}$$ 답 $\frac{1}{4}$

유형 ❶

서로 다른 두 개의 주사위를 동시에 던질 때, 일어날 수 있는 모든 경우의 수는 $6\times6=36$

⑴ 눈의 수의 합이 6의 배수인 경우는 6 또는 12인 경우이다.

 (ⅰ) 두 눈의 수의 합이 6인 경우

  $(1, 5), (2, 4), (3, 3), (4, 2), (5, 1)$의 5가지

 (ⅱ) 두 눈의 수의 합이 12인 경우

  $(6, 6)$의 1가지

 (ⅰ), (ⅱ)에서 두 눈의 수의 합이 6의 배수인 경우의 수는

 $5+1=6$

 따라서 구하는 확률은 $\frac{6}{36}=\frac{1}{6}$

⑵ 눈의 수의 합이 4 이하인 경우는 2 또는 3 또는 4인 경우이다.

 (ⅰ) 두 눈의 수의 합이 2인 경우

  $(1, 1)$의 1가지

 (ⅱ) 두 눈의 수의 합이 3인 경우

  $(1, 2), (2, 1)$의 2가지

 (ⅲ) 두 눈의 수의 합이 4인 경우

  $(1, 3), (2, 2), (3, 1)$의 3가지

 (ⅰ)~(ⅲ)에서 두 눈의 수의 합이 4 이하인 경우의 수는

 $1+2+3=6$

 따라서 구하는 확률은 $\frac{6}{36}=\frac{1}{6}$ 답 ⑴ $\frac{1}{6}$ ⑵ $\frac{1}{6}$

01-1

집합 A의 모든 부분집합의 개수는

$2^5=32$

두 원소 1, 4를 모두 포함하는 부분집합의 개수는

$2^{5-2}=2^3=8$

따라서 구하는 확률은

$\frac{8}{32}=\frac{1}{4}$ 답 $\frac{1}{4}$

유형 ❷

이 학교 학생 200명 중에서 가장 좋아하는 과목이 수학인 학생이 28명이므로 이 학교 학생 중에서 임의로 한 명을 선택할 때, 이 학생이 가장 좋아하는 과목이 수학일 확률은

$\frac{28}{200}=\frac{7}{50}$ 답 $\frac{7}{50}$

02-1

주머니에서 임의로 한 개의 공을 꺼내어 색을 확인하고 다시 넣는 시행을 320번 반복했을 때, 검은 공이 200번 나왔으므로 주머니에서 임의로 한 개의 공을 꺼낼 때, 이 공이 검은 공일 확률은

$\frac{200}{320}=\frac{5}{8}$

이때 주머니 속 공의 개수는 $(n+5)$이므로 임의로 한 개의 공을 꺼낼 때, 검은 공이 나올 확률은 $\frac{5}{n+5}$이다.

따라서 $\frac{5}{8}=\frac{5}{n+5}$에서 $n=3$ 답 3

개념 ❷ 순열을 이용하는 확률

개념 Check

1 5명을 일렬로 세우는 경우의 수는

 $5!=120$

⑴ B를 가장 앞에 세우는 경우의 수는

 $4!=24$

 따라서 구하는 확률은

 $\frac{24}{120}=\frac{1}{5}$

⑵ C, E를 한 사람으로 생각하여 4명을 일렬로 세우는 경우의 수는 $4!$이고, C, E가 서로 자리를 바꾸는 경우의 수는 $2!$이므로 C, E를 이웃하게 세우는 경우의 수는

 $4!\times2!=48$

 따라서 구하는 확률은

 $\frac{48}{120}=\frac{2}{5}$ 답 ⑴ $\frac{1}{5}$ ⑵ $\frac{2}{5}$

유형 ❸

6개의 문자를 일렬로 나열하는 경우의 수는 $6!$

a와 f 사이에 놓을 2개의 문자를 택하여 일렬로 나열하는 경우의 수는 $_4P_2$

a와 f가 자리를 바꾸는 경우의 수는 $2!$

a와 f를 포함한 4개의 문자를 한 문자로 생각하여 3개의 문자를 일렬로 나열하는 경우의 수는 $3!$

즉, a와 f 사이에 2개의 문자를 놓는 경우의 수는 $_4P_2\times2!\times3!$

따라서 구하는 확률은

$\frac{_4P_2\times2!\times3!}{6!}=\frac{1}{5}$ 답 $\frac{1}{5}$

03-1

9명의 학생 중에서 반장, 부반장을 뽑는 경우의 수는

$_9P_2=72$

9명을 일렬로 세우는 경우의 수는 9!
양 끝에 여학생을 세우는 경우의 수는 $_5P_2$
남은 7명의 학생들을 세우는 경우의 수는 7!
따라서 구하는 확률은

$$\frac{_5P_2 \times 7!}{9!} = \frac{5}{18}$$

답 ④

유형 04

5명이 원형의 탁자에 둘러앉는 경우의 수는
$(5-1)! = 4!$
부모를 한 사람으로 생각하여 4명이 원형의 탁자에 둘러앉는 경우의 수는 $(4-1)! = 3!$이고, 부모가 서로 자리를 바꾸는 경우의 수는 2!이므로 부모가 이웃하여 앉는 경우의 수는
$3! \times 2!$
따라서 구하는 확률은

$$\frac{3! \times 2!}{4!} = \frac{1}{2}$$

답 ⑤

04-1

7명이 원형의 탁자에 둘러앉는 경우의 수는
$(7-1)! = 6!$
A, B, C를 한 사람으로 생각하여 5명이 원형의 탁자에 둘러앉는 경우의 수는 $(5-1)! = 4!$이고, A, B, C가 서로 자리를 바꾸는 경우의 수는 3!이므로 A, B, C가 이웃하여 앉는 경우의 수는
$4! \times 3!$
따라서 구하는 확률은

$$\frac{4! \times 3!}{6!} = \frac{1}{5}$$

답 $\frac{1}{5}$

개념 3 조합을 이용하는 확률

개념 Check

1 5명의 학생 중에서 2명을 뽑는 경우의 수는
$_5C_2 = 10$
여학생 3명 중에서 2명을 뽑는 경우의 수는
$_3C_2 = 3$

따라서 구하는 확률은 $\frac{3}{10}$

답 $\frac{3}{10}$

유형 05

7명의 학생 중에서 3명을 뽑는 경우의 수는
$_7C_3 = 35$
남학생 3명 중에서 1명, 여학생 4명 중에서 2명을 뽑는 경우의 수는
$_3C_1 \times _4C_2 = 18$

따라서 구하는 확률은 $\frac{18}{35}$

답 ④

05-1

8개의 공 중에서 2개를 꺼내는 경우의 수는
$_8C_2 = 28$

검은 공 5개 중에서 2개를 꺼내는 경우의 수는
$_5C_2 = 10$
따라서 구하는 확률은

$$\frac{10}{28} = \frac{5}{14}$$

답 ⑤

05-2

10장의 카드 중에서 2장의 카드를 뽑는 경우의 수는
$_{10}C_2 = 45$
3의 배수가 적힌 3장의 카드 중에서 2장의 카드를 뽑는 경우의 수는
$_3C_2 = 3$
따라서 구하는 확률은

$$\frac{3}{45} = \frac{1}{15}$$

답 ②

05-3

6명 중에서 2명을 뽑는 경우의 수는
$_6C_2 = 15$
A는 포함되고 C는 포함되지 않는 경우의 수는 A, C를 제외한 4명 중에서 1명을 뽑는 경우의 수와 같으므로
$_4C_1 = 4$

따라서 구하는 확률은 $\frac{4}{15}$

답 ②

개념 4 확률의 덧셈정리

개념 Check

1 $P(A \cup B) = P(A) + P(B) - P(A \cap B)$
$$= \frac{2}{5} + \frac{1}{3} - \frac{1}{5} = \frac{8}{15}$$

답 $\frac{8}{15}$

2 7의 배수가 적힌 카드가 나오는 사건을 A, 13의 배수가 적힌 카드가 나오는 사건을 B라 하면

$$P(A) = \frac{7}{50}, \quad P(B) = \frac{3}{50}$$

두 사건 A, B는 서로 배반사건이므로

$$P(A \cup B) = P(A) + P(B) = \frac{7}{50} + \frac{3}{50} = \frac{1}{5}$$

답 $\frac{1}{5}$

유형 06

2의 배수의 눈이 나오는 사건을 A, 소수의 눈이 나오는 사건을 B라 하면

$$P(A) = \frac{1}{2}, \quad P(B) = \frac{1}{2}, \quad P(A \cap B) = \frac{1}{6}$$

$$\therefore P(A \cup B) = P(A) + P(B) - P(A \cap B)$$
$$= \frac{1}{2} + \frac{1}{2} - \frac{1}{6} = \frac{5}{6}$$

답 ⑤

06-1

2의 배수가 적힌 카드가 나오는 사건을 A, 3의 배수가 적힌 카드가 나오는 사건을 B라 하면

$$P(A) = \frac{4}{9}, \quad P(B) = \frac{1}{3}, \quad P(A \cap B) = \frac{1}{9}$$

$$\therefore P(A \cup B) = P(A) + P(B) - P(A \cap B)$$
$$= \frac{4}{9} + \frac{1}{3} - \frac{1}{9} = \frac{2}{3}$$

답 ⑤

유형 07

10개의 구슬 중에서 2개의 구슬을 꺼낼 때, 2개가 모두 파란 구슬인 사건을 A, 2개가 모두 빨간 구슬인 사건을 B라 하면

$$P(A) = \frac{{}_3C_2}{{}_{10}C_2} = \frac{1}{15}, \; P(B) = \frac{{}_7C_2}{{}_{10}C_2} = \frac{7}{15}$$

두 사건 A, B가 서로 배반사건이므로 구하는 확률은

$$P(A \cup B) = P(A) + P(B) = \frac{1}{15} + \frac{7}{15} = \frac{8}{15}$$

답 ④

07-1

남학생 6명과 여학생 4명 중에서 대표 3명을 뽑을 때, 대표가 모두 남학생인 사건을 A, 대표가 모두 여학생인 사건을 B라 하면

$$P(A) = \frac{{}_6C_3}{{}_{10}C_3} = \frac{20}{120} = \frac{1}{6}, \; P(B) = \frac{{}_4C_3}{{}_{10}C_3} = \frac{4}{120} = \frac{1}{30}$$

두 사건 A, B가 서로 배반사건이므로 구하는 확률은

$$P(A \cup B) = P(A) + P(B) = \frac{1}{6} + \frac{1}{30} = \frac{1}{5}$$

답 ②

개념 5 여사건의 확률

개념 Check

1 두 개의 주사위의 눈의 수가 서로 다른 사건을 A라 하면 A^C은 두 개의 주사위의 눈의 수가 서로 같은 사건이므로

$$P(A^C) = \frac{6}{36} = \frac{1}{6}$$

$$\therefore P(A) = 1 - P(A^C) = 1 - \frac{1}{6} = \frac{5}{6}$$

답 $\frac{5}{6}$

2 적어도 한 개는 앞면이 나오는 사건을 A라 하면 A^C은 모두 뒷면이 나오는 사건이므로

$$P(A^C) = \frac{1}{4}$$

$$\therefore P(A) = 1 - P(A^C) = 1 - \frac{1}{4} = \frac{3}{4}$$

답 $\frac{3}{4}$

유형 08

10개의 구슬이 들어 있는 주머니에서 3개의 구슬을 꺼낼 때, 적어도 한 개가 흰 구슬인 사건을 A라 하면 A^C은 3개 모두 붉은 구슬인 사건이므로

$$P(A^C) = \frac{{}_4C_3}{{}_{10}C_3} = \frac{1}{30}$$

$$\therefore P(A) = 1 - P(A^C) = 1 - \frac{1}{30} = \frac{29}{30}$$

답 ⑤

08-1

12개의 전구가 들어 있는 상자에서 6개의 전구를 꺼낼 때, 적어도 한 개가 불량품인 사건을 A라 하면 A^C은 6개의 전구가 모두 불량품이 아닌 사건이므로

$$P(A^C) = \frac{{}_9C_6}{{}_{12}C_6} = \frac{1}{11}$$

$$\therefore P(A) = 1 - P(A^C) = 1 - \frac{1}{11} = \frac{10}{11}$$

답 ⑤

08-2

두 수의 곱이 짝수가 되려면 두 수 중 적어도 하나가 짝수이어야 한다. 8장의 카드가 들어 있는 상자에서 2장의 카드를 뽑을 때, 카드에 적힌 수 중 적어도 하나가 짝수인 사건을 A라 하면 A^C은 두 수 모두 홀수인 사건이므로

$$P(A^C) = \frac{{}_4C_2}{{}_8C_2} = \frac{3}{14}$$

$$\therefore P(A) = 1 - P(A^C) = 1 - \frac{3}{14} = \frac{11}{14}$$

답 ③

08-3

서로 다른 네 개의 동전을 던질 때, 뒷면이 2개 이상 나오는 사건을 A라 하면 A^C은 모두 앞면이 나오거나 뒷면이 1개 나오는 사건이다.

(i) 모두 앞면이 나올 확률은

$$\frac{1}{2^4} = \frac{1}{16}$$

(ii) 뒷면이 1개 나올 확률은

$$\frac{{}_4C_1}{2^4} = \frac{1}{4}$$

(i), (ii)에서 $P(A^C) = \frac{1}{16} + \frac{1}{4} = \frac{5}{16}$

따라서 구하는 확률은

$$P(A) = 1 - P(A^C) = 1 - \frac{5}{16} = \frac{11}{16}$$

답 ④

대표 유형 다지기　　본문 23~24쪽

01 ①	**02** ①	**03** $\frac{1}{3}$	**04** ③	**05** ③
06 ②	**07** 83	**08** ②	**09** ③	**10** $\frac{1}{8}$
11 ④	**12** ④	**13** ①	**14** ③	**15** 41
16 ④				

01

7권의 문제집을 한 줄로 꽂는 경우의 수는 7!

수학 문제집 3권을 한 권으로 생각하여 서로 다른 문제집 5권을 한 줄로 꽂는 경우의 수는 5!이고, 수학 문제집 3권의 자리를 바꾸는 경우의 수는 3!이므로 수학 문제집 3권끼리 이웃하게 꽂는 경우의 수는

$5! \times 3!$

따라서 구하는 확률은

$$\frac{5! \times 3!}{7!} = \frac{1}{7}$$

답 ①

02

7명을 일렬로 세우는 경우의 수는 7!

앞에서부터 두 자리에는 어른을 세우는 경우의 수는 $_5P_2$
앞에서부터 두 자리의 어른 2명을 제외한 나머지 어른 3명과 어린이 2명을 일렬로 세우는 경우의 수는 5!
따라서 구하는 확률은
$$\frac{_5P_2 \times 5!}{7!} = \frac{20}{42} = \frac{10}{21}$$
답 ①

03
반지름의 길이가 3인 원의 넓이는
$$\pi \times 3^2 = 9\pi$$
색칠한 부분의 넓이는
$$\pi \times 2^2 - \pi \times 1^2 = 3\pi$$
따라서 구하는 확률은
$$\frac{3\pi}{9\pi} = \frac{1}{3}$$
답 $\frac{1}{3}$

04
7명이 원형의 탁자에 둘러앉는 경우의 수는
$$(7-1)! = 6!$$
남학생 4명이 원형의 탁자에 둘러앉는 경우의 수는 $(4-1)! = 3!$
이고, 남학생 사이사이의 4개의 자리에 여학생 3명이 앉는 경우의 수는 $_4P_3$이므로 여학생끼리 이웃하지 않게 앉는 경우의 수는
$$3! \times _4P_3$$
따라서 구하는 확률은
$$\frac{3! \times _4P_3}{6!} = \frac{1}{5}$$
답 ③

05
A, B, C, D, E의 5개의 호텔 중에서 중복을 허용하여 4개를 택하는 중복순열의 수는
$$_5\Pi_4 = 5^4 = 625$$
4명의 학생이 모두 서로 다른 호텔에 투숙하는 경우의 수는 서로 다른 5개에서 4개를 택하는 순열의 수와 같으므로
$$_5P_4 = 120$$
따라서 구하는 확률은
$$\frac{120}{625} = \frac{24}{125}$$
답 ③

06
6개의 문자 P, E, O, P, L, E를 일렬로 나열하는 경우의 수는
$$\frac{6!}{2! \times 2!} = 180$$
모음 E, O, E를 한 문자로 생각하여 4개의 문자를 일렬로 나열하는 경우의 수는 $\frac{4!}{2!}$이고, E, O, E가 자리를 바꾸는 경우의 수는
$\frac{3!}{2!}$이므로 모음끼리 이웃하도록 나열하는 경우의 수는
$$\frac{4!}{2!} \times \frac{3!}{2!} = 36$$
따라서 구하는 확률은
$$\frac{36}{180} = \frac{1}{5}$$
답 ②

07
9명의 학생 중에서 4명을 뽑는 경우의 수는
$$_9C_4 = 126$$
남학생 5명 중에서 3명을 뽑고, 여학생 4명 중에서 1명을 뽑는 경우의 수는
$$_5C_3 \times _4C_1 = 40$$
따라서 구하는 확률은 $\frac{40}{126} = \frac{20}{63}$이므로
$$p = 63, \ q = 20$$
$$\therefore p + q = 63 + 20 = 83$$
답 83

08
32명의 학생 중에서 4명을 뽑는 경우의 수는 $_{32}C_4$
민혁이는 포함되고 현이는 포함되지 않도록 4명을 뽑는 경우의 수는
$$_{30}C_3$$
따라서 구하는 확률은
$$\frac{_{30}C_3}{_{32}C_4} = \frac{7}{62}$$
답 ②

09
8장의 카드 중에서 3장을 뽑는 경우의 수는
$$_8C_3 = 56$$
1부터 8까지의 자연수 중에서 동시에 세 수를 뽑아서 곱할 때 9의 배수가 되려면 반드시 3과 6을 포함해야 한다. 즉, 3과 6이 적힌 카드를 제외한 6장의 카드 중에서 한 장의 카드를 뽑는 경우의 수는
$$_6C_1 = 6$$
따라서 구하는 확률은
$$\frac{6}{56} = \frac{3}{28}$$
답 ③

10
$P(A \cup B) = P(A) + P(B) - P(A \cap B)$에서
$$P(A \cap B) = P(A) + P(B) - P(A \cup B)$$
$$= \frac{1}{2} + \frac{1}{4} - \frac{5}{8} = \frac{1}{8}$$
$$\therefore P(A^c \cap B) = P(B) - P(A \cap B)$$
$$= \frac{1}{4} - \frac{1}{8} = \frac{1}{8}$$
답 $\frac{1}{8}$

11
한 개의 주사위를 던질 때, 눈의 수가 3의 배수인 사건을 A, 눈의 수가 4 이상인 사건을 B라 하면
$$P(A) = \frac{1}{3}, \ P(B) = \frac{1}{2}, \ P(A \cap B) = \frac{1}{6}$$
$$\therefore P(A \cup B) = P(A) + P(B) - P(A \cap B)$$
$$= \frac{1}{3} + \frac{1}{2} - \frac{1}{6} = \frac{2}{3}$$
답 ④

12
두 사건 A, B가 서로 배반사건이므로 $A \cap B = \varnothing$에서
$$P(A \cap B) = 0$$

$$\therefore \mathrm{P}(A \cup B) = \mathrm{P}(A) + \mathrm{P}(B)$$
$$= \mathrm{P}(A) + 3\mathrm{P}(A) = 4\mathrm{P}(A)$$

이때, $4\mathrm{P}(A) = \dfrac{3}{4}$이므로 $\mathrm{P}(A) = \dfrac{3}{16}$

$$\therefore \mathrm{P}(B) = 3\mathrm{P}(A) = 3 \times \dfrac{3}{16} = \dfrac{9}{16}$$ 답 ④

13

10장의 카드 중에서 3장을 뽑는 경우의 수는 $_{10}\mathrm{C}_3$
세 수의 합이 홀수가 되려면 (짝수)+(짝수)+(홀수)이거나
(홀수)+(홀수)+(홀수)이어야 한다.
뽑은 3장의 카드 중에서 2장의 카드에 적힌 수가 짝수이고 1장의
카드에 적힌 수가 홀수인 사건을 A, 3장의 카드에 적힌 수가 모두
홀수인 사건을 B라 하면
$$\mathrm{P}(A) = \dfrac{_5\mathrm{C}_2 \times _5\mathrm{C}_1}{_{10}\mathrm{C}_3} = \dfrac{5}{12}, \ \mathrm{P}(B) = \dfrac{_5\mathrm{C}_3}{_{10}\mathrm{C}_3} = \dfrac{1}{12}$$
두 사건 A, B는 서로 배반사건이므로 구하는 확률은
$$\mathrm{P}(A \cup B) = \mathrm{P}(A) + \mathrm{P}(B) = \dfrac{5}{12} + \dfrac{1}{12} = \dfrac{1}{2}$$ 답 ①

14

붉은 구슬이 푸른 구슬보다 많으려면 4개의 구슬 중에서 붉은 구
슬이 3개 또는 4개이어야 한다.
붉은 구슬이 3개인 사건을 A, 붉은 구슬이 4개인 사건을 B라 하면
$$\mathrm{P}(A) = \dfrac{_5\mathrm{C}_3 \times _3\mathrm{C}_1}{_8\mathrm{C}_4} = \dfrac{3}{7}, \ \mathrm{P}(B) = \dfrac{_5\mathrm{C}_4}{_8\mathrm{C}_4} = \dfrac{1}{14}$$
두 사건 A, B가 서로 배반사건이므로 구하는 확률은
$$\mathrm{P}(A \cup B) = \mathrm{P}(A) + \mathrm{P}(B) = \dfrac{3}{7} + \dfrac{1}{14} = \dfrac{1}{2}$$ 답 ③

15

10개의 구슬 중에서 3개의 구슬을 꺼내는 경우의 수는 $_{10}\mathrm{C}_3$
적어도 한 개의 파란 구슬을 꺼내는 사건을 A라 하면 A^C은 3개
모두 빨간 구슬을 꺼내는 사건이므로
$$\mathrm{P}(A^C) = \dfrac{_7\mathrm{C}_3}{_{10}\mathrm{C}_3} = \dfrac{7}{24}$$
따라서 구하는 확률은 $\mathrm{P}(A) = 1 - \mathrm{P}(A^C) = 1 - \dfrac{7}{24} = \dfrac{17}{24}$이므로
$p = 24$, $q = 17$
$$\therefore p + q = 24 + 17 = 41$$ 답 41

16

6명을 일렬로 세우는 경우의 수는 $6!$
적어도 한쪽 끝에 남학생을 세우는 사건을 A라 하면 A^C은 양 끝
에 모두 여학생을 세우는 사건이다.
4명의 여학생 중에서 2명을 뽑아 양 끝에 세운 다음, 나머지 4명
의 학생을 그 사이에 일렬로 세우는 경우의 수는
$_4\mathrm{P}_2 \times 4!$
따라서 $\mathrm{P}(A^C) = \dfrac{_4\mathrm{P}_2 \times 4!}{6!} = \dfrac{2}{5}$이므로
$$\mathrm{P}(A) = 1 - \mathrm{P}(A^C) = 1 - \dfrac{2}{5} = \dfrac{3}{5}$$ 답 ④

---

02 | 조건부확률

교과서 핵심 개념별 대표 유형 익히기 본문 25~28쪽

개념 ① 조건부확률

개념 Check

1 (1) $A = \{2, 3, 5\}$, $B = \{2, 4, 6\}$에서 $A \cap B = \{2\}$이므로
$$\mathrm{P}(A \cap B) = \dfrac{1}{6}$$

(2) $\mathrm{P}(B \,|\, A) = \dfrac{\mathrm{P}(A \cap B)}{\mathrm{P}(A)} = \dfrac{\frac{1}{6}}{\frac{1}{2}} = \dfrac{1}{3}$ 답 (1) $\dfrac{1}{6}$ (2) $\dfrac{1}{3}$

유형 01

$$\mathrm{P}(A \cap B) = \mathrm{P}(A) + \mathrm{P}(B) - \mathrm{P}(A \cup B)$$
$$= \dfrac{3}{10} + \dfrac{3}{5} - \dfrac{4}{5} = \dfrac{1}{10}$$
$$\therefore \mathrm{P}(B \,|\, A) = \dfrac{\mathrm{P}(A \cap B)}{\mathrm{P}(A)} = \dfrac{\frac{1}{10}}{\frac{3}{10}} = \dfrac{1}{3}$$ 답 $\dfrac{1}{3}$

01-1

$$\mathrm{P}(A^C \cap B^C) = \mathrm{P}((A \cup B)^C)$$
$$= 1 - \mathrm{P}(A \cup B) = \dfrac{1}{10}$$
$$\therefore \mathrm{P}(A \cup B) = \dfrac{9}{10}$$
$\mathrm{P}(A \cup B) = \mathrm{P}(A) + \mathrm{P}(B) - \mathrm{P}(A \cap B)$에서
$\dfrac{9}{10} = \dfrac{3}{5} + \dfrac{1}{2} - \mathrm{P}(A \cap B)$이므로
$$\mathrm{P}(A \cap B) = \dfrac{1}{5}$$
$$\therefore \mathrm{P}(A \,|\, B) = \dfrac{\mathrm{P}(A \cap B)}{\mathrm{P}(B)} = \dfrac{\frac{1}{5}}{\frac{1}{2}} = \dfrac{2}{5}$$ 답 $\dfrac{2}{5}$

유형 02

불량품을 뽑는 사건을 A, P회사의 제품을 뽑는 사건을 B라 하면
$$\mathrm{P}(A) = \dfrac{7}{40}, \ \mathrm{P}(A \cap B) = \dfrac{3}{40}$$
따라서 구하는 확률은
$$\mathrm{P}(B \,|\, A) = \dfrac{\mathrm{P}(A \cap B)}{\mathrm{P}(A)} = \dfrac{\frac{3}{40}}{\frac{7}{40}} = \dfrac{3}{7}$$ 답 $\dfrac{3}{7}$

02-1

남학생을 뽑는 사건을 A, 수학을 선호하는 학생을 뽑는 사건을 B 라 하면

$$P(A)=\frac{12+10}{36}=\frac{22}{36}=\frac{11}{18},\ P(A\cap B)=\frac{12}{36}=\frac{1}{3}$$

따라서 구하는 확률은

$$P(B|A)=\frac{P(A\cap B)}{P(A)}=\frac{\frac{1}{3}}{\frac{11}{18}}=\frac{6}{11}$$ 답 $\frac{6}{11}$

개념 2 확률의 곱셈정리

개념 Check

1 (1) $P(A\cap B)=P(A)P(B|A)=\frac{3}{5}\times\frac{2}{9}=\frac{2}{15}$

(2) $P(A|B)=\frac{P(A\cap B)}{P(B)}=\frac{\frac{2}{15}}{\frac{1}{2}}=\frac{4}{15}$ 답 (1) $\frac{2}{15}$ (2) $\frac{4}{15}$

유형 03

첫 번째 검사에서 꺼낸 핸드폰이 불량품인 사건을 A, 두 번째 검사에서 꺼낸 핸드폰이 정품인 사건을 B라 하면

$$P(A)=\frac{3}{10},\ P(B|A)=\frac{7}{9}$$

따라서 구하는 확률은

$$P(A\cap B)=P(A)P(B|A)=\frac{3}{10}\times\frac{7}{9}=\frac{7}{30}$$ 답 ④

03-1

윤아가 당첨 제비를 뽑는 사건을 A, 지원이가 당첨 제비를 뽑는 사건을 B라 하면

$$P(A)=\frac{5}{20}=\frac{1}{4},\ P(B|A)=\frac{4}{19}$$

따라서 구하는 확률은

$$P(A\cap B)=P(A)P(B|A)=\frac{1}{4}\times\frac{4}{19}=\frac{1}{19}$$ 답 $\frac{1}{19}$

유형 04

갑이 흰 공을 꺼내는 사건을 A, 을이 흰 공을 꺼내는 사건을 E라 하면 갑이 검은 공을 꺼내는 사건은 A^c이므로

$$P(A)=\frac{3}{7},\ P(A^c)=1-\frac{3}{7}=\frac{4}{7}$$

$$P(E|A)=\frac{2}{6}=\frac{1}{3},\ P(E|A^c)=\frac{3}{6}=\frac{1}{2}$$

따라서 구하는 확률은

$$\begin{aligned}P(E)&=P(A\cap E)+P(A^c\cap E)\\&=P(A)P(E|A)+P(A^c)P(E|A^c)\\&=\frac{3}{7}\times\frac{1}{3}+\frac{4}{7}\times\frac{1}{2}=\frac{3}{7}\end{aligned}$$ 답 ③

04-1

월요일에 비가 왔을 때 화요일에 비가 오는 사건을 A, 수요일에 비가 오는 사건을 E라 하면 화요일에 비가 오지 않는 사건은 A^c 이므로

$$P(A)=\frac{1}{3},\ P(A^c)=1-\frac{1}{3}=\frac{2}{3}$$

$$P(E|A)=\frac{1}{3},\ P(E|A^c)=\frac{1}{10}$$

따라서 구하는 확률은

$$\begin{aligned}P(E)&=P(A\cap E)+P(A^c\cap E)\\&=P(A)P(E|A)+P(A^c)P(E|A^c)\\&=\frac{1}{3}\times\frac{1}{3}+\frac{2}{3}\times\frac{1}{10}=\frac{8}{45}\end{aligned}$$ 답 $\frac{8}{45}$

개념 3 독립사건의 확률

개념 Check

1 두 사건 A, B가 서로 독립이므로

$$\begin{aligned}P(A\cap B)&=P(A)P(B)\\&=0.2\times0.3=0.06\end{aligned}$$ 답 0.06

2 주사위에서 짝수의 눈이 나오는 사건을 A, 동전의 앞면이 나오는 사건을 B라 하면 두 사건 A, B가 서로 독립이므로

$$P(A\cap B)=P(A)P(B)=\frac{1}{2}\times\frac{1}{2}=\frac{1}{4}$$ 답 $\frac{1}{4}$

유형 05

두 사건 A, B가 서로 독립이므로

$$P(A\cap B)=P(A)P(B)=\frac{1}{5}\times\frac{1}{3}=\frac{1}{15}$$

$$\begin{aligned}\therefore P(A\cup B)&=P(A)+P(B)-P(A\cap B)\\&=\frac{1}{5}+\frac{1}{3}-\frac{1}{15}=\frac{7}{15}\end{aligned}$$ 답 ④

05-1

두 사건 A, B가 서로 독립이고 $P(B|A)=\frac{2}{3}$이므로

$$P(B)=\frac{2}{3}$$

또한 두 사건 A, B가 서로 독립이므로 두 사건 A^c, B^c도 서로 독립이다.

즉, $P(A^c\cap B^c)=\frac{1}{6}$에서 $P(A^c)P(B^c)=\frac{1}{6}$

이때 $P(B)=\frac{2}{3}$에서 $P(B^c)=\frac{1}{3}$이므로

$$\frac{1}{3}P(A^c)=\frac{1}{6}\qquad\therefore P(A^c)=\frac{1}{2}$$

따라서 $P(A)=\frac{1}{2}$이므로

$$P(A\cap B)=P(A)P(B)=\frac{1}{2}\times\frac{2}{3}=\frac{1}{3}$$ 답 ②

유형 06

주머니 A에서 파란 구슬을 꺼내는 사건을 A, 주머니 B에서 파란 구슬을 꺼내는 사건을 B라 하면 A, B는 서로 독립이므로 구하는 확률은

$$\mathrm{P}(A \cap B) = \mathrm{P}(A)\mathrm{P}(B) = \frac{6}{10} \times \frac{4}{7} = \frac{12}{35}$$

답 ⑤

06-1

두 사격 선수 A, B가 표적에 명중시키는 사건을 각각 A, B라 하면 A, B가 서로 독립이므로 A^C, B^C도 서로 독립이다.
이때 두 사격 선수 A, B가 모두 표적에 명중시키지 못할 확률은

$$\mathrm{P}(A^C \cap B^C) = \mathrm{P}(A^C)\mathrm{P}(B^C) = \frac{1}{4} \times \frac{1}{3} = \frac{1}{12}$$

이므로 구하는 확률은

$$1 - \mathrm{P}(A^C \cap B^C) = 1 - \frac{1}{12} = \frac{11}{12}$$

답 ⑤

개념 4 독립시행의 확률

개념 Check

1 한 개의 동전을 한 번 던질 때 앞면이 나올 확률은 $\frac{1}{2}$이므로

동전을 3회 던질 때, 앞면이 2회 나올 확률은

$$_3\mathrm{C}_2 \left(\frac{1}{2}\right)^2 \left(\frac{1}{2}\right)^1 = \frac{3}{8}$$

답 $\frac{3}{8}$

2 한 개의 주사위를 한 번 던질 때 3의 배수의 눈이 나올 확률은

$\frac{1}{3}$이므로 주사위를 4회 던질 때 3의 배수의 눈이 3회 나올 확률은

$$_4\mathrm{C}_3 \left(\frac{1}{3}\right)^3 \left(\frac{2}{3}\right)^1 = \frac{8}{81}$$

답 $\frac{8}{81}$

유형 07

정사면체를 한 번 던질 때 숫자 3이 나올 확률은 $\frac{1}{4}$이므로 정사면체를 네 번 던질 때, 숫자 3이 두 번 나올 확률은

$$_4\mathrm{C}_2 \left(\frac{1}{4}\right)^2 \left(\frac{3}{4}\right)^2 = \frac{27}{128}$$

답 ①

07-1

적어도 한 타석에서 안타를 치는 사건을 A라 하면 한 타석도 안타를 치지 못하는 사건은 A^C이므로

$$\mathrm{P}(A^C) = \left(\frac{3}{4}\right)^4 = \frac{81}{256}$$

$$\therefore \mathrm{P}(A) = 1 - \mathrm{P}(A^C) = 1 - \frac{81}{256} = \frac{175}{256}$$

답 ④

유형 08

(i) 세 번의 자유투 중에서 두 번을 성공할 확률은

$$_3\mathrm{C}_2 \left(\frac{4}{5}\right)^2 \left(\frac{1}{5}\right)^1 = \frac{48}{125}$$

(ii) 세 번의 자유투를 모두 성공할 확률은

$$\left(\frac{4}{5}\right)^3 = \frac{64}{125}$$

따라서 구하는 확률은

$$\frac{48}{125} + \frac{64}{125} = \frac{112}{125}$$

답 ②

08-1

(i) 화살을 3번 쏘아 10점 과녁을 2번 맞힐 확률은

$$_3\mathrm{C}_2 \left(\frac{3}{4}\right)^2 \left(\frac{1}{4}\right)^1 = \frac{27}{64}$$

(ii) 화살을 3번 쏘아 10점 과녁을 3번 맞힐 확률은

$$\left(\frac{3}{4}\right)^3 = \frac{27}{64}$$

따라서 구하는 확률은

$$\frac{27}{64} + \frac{27}{64} = \frac{27}{32}$$

답 $\frac{27}{32}$

대표 유형 다지기 본문 29~30쪽

01 ④	**02** ②	**03** 7	**04** $\frac{4}{7}$	**05** ②
06 $\frac{4}{15}$	**07** ④	**08** $\frac{25}{42}$	**09** ③	**10** $\frac{12}{35}$
11 ①	**12** $\frac{4}{9}$	**13** ①	**14** 511	**15** ⑤
16 19				

01

$$\mathrm{P}(A \cap B^C) = \mathrm{P}(A \cup B) - \mathrm{P}(B) = \frac{5}{6} - \frac{1}{2} = \frac{1}{3}$$

$$\therefore \mathrm{P}(A | B^C) = \frac{\mathrm{P}(A \cap B^C)}{\mathrm{P}(B^C)} = \frac{\mathrm{P}(A \cap B^C)}{1 - \mathrm{P}(B)}$$

$$= \frac{\frac{1}{3}}{\frac{1}{2}} = \frac{2}{3}$$

답 ④

02

AB형인 학생을 뽑는 사건을 A, 남학생을 뽑는 사건을 B라 하면

$$\mathrm{P}(A) = \frac{20}{100} = \frac{1}{5}, \quad \mathrm{P}(A \cap B) = \frac{5}{100} = \frac{1}{20}$$

따라서 구하는 확률은

$$\mathrm{P}(B | A) = \frac{\mathrm{P}(A \cap B)}{\mathrm{P}(A)} = \frac{\frac{1}{20}}{\frac{1}{5}} = \frac{1}{4}$$

답 ②

03

여학생을 뽑는 사건을 A, 모임에 참석한 학생을 뽑는 사건을 B라 하면

$$\mathrm{P}(A) = \frac{10}{20} = \frac{1}{2}, \quad \mathrm{P}(A \cap B) = \frac{4}{20} = \frac{1}{5}$$

따라서 구하는 확률은

$$P(B|A)=\frac{P(A\cap B)}{P(A)}=\frac{\frac{1}{5}}{\frac{1}{2}}=\frac{2}{5}$$

이므로 $p=5$, $q=2$

$\therefore p+q=5+2=7$

답 7

04

두 영화 M, N의 선호도를 표로 나타내면 다음과 같다.

	남학생	여학생	합계
M	12	9	21
N	6	7	13
합계	18	16	34

M영화를 선택한 학생을 뽑는 사건을 A, 남학생을 뽑는 사건을 B라 하면

$$P(A)=\frac{21}{34}, \ P(A\cap B)=\frac{12}{34}=\frac{6}{17}$$

따라서 구하는 확률은

$$P(B|A)=\frac{P(A\cap B)}{P(A)}=\frac{\frac{6}{17}}{\frac{21}{34}}=\frac{4}{7}$$

답 $\frac{4}{7}$

05

첫 번째에 흰 공이 나오는 사건을 A, 두 번째에 검은 공이 나오는 사건을 B라 하면

$$P(A)=\frac{8}{11}, \ P(B|A)=\frac{3}{10}$$

따라서 구하는 확률은

$$P(A\cap B)=P(A)P(B|A)=\frac{8}{11}\times\frac{3}{10}=\frac{12}{55}$$

답 ②

06

민경이가 깨가 들어 있는 송편을 먹는 사건을 A, 지연이가 콩이 들어 있는 송편을 먹는 사건을 B라 하면

$$P(A)=\frac{4}{10}=\frac{2}{5}, \ P(B|A)=\frac{6}{9}=\frac{2}{3}$$

따라서 구하는 확률은

$$P(A\cap B)=P(A)P(B|A)=\frac{2}{5}\times\frac{2}{3}=\frac{4}{15}$$

답 $\frac{4}{15}$

07

암에 걸린 사람을 택하는 사건을 A, 의사가 암에 걸렸다고 진단하는 사건을 E라 하면 암에 걸리지 않은 사람을 택하는 사건은 A^C이므로

$$P(A)=0.15, \ P(A^C)=0.85$$
$$P(E|A)=0.9, \ P(E|A^C)=0.04$$

따라서 구하는 확률은

$$P(E)=P(A\cap E)+P(A^C\cap E)$$
$$=P(A)P(E|A)+P(A^C)P(E|A^C)$$
$$=0.15\times0.9+0.85\times0.04$$
$$=0.135+0.034=0.169$$

답 ④

08

A주머니에서 빨간 공을 꺼내는 사건을 A, B주머니에서 파란 공을 꺼내는 사건을 E라 하면 A주머니에서 파란 공을 꺼내는 사건은 A^C이므로

$$P(A)=\frac{3}{7}, \ P(A^C)=1-\frac{3}{7}=\frac{4}{7}$$

$$P(E|A)=\frac{3}{6}=\frac{1}{2}, \ P(E|A^C)=\frac{4}{6}=\frac{2}{3}$$

따라서 구하는 확률은

$$P(E)=P(A\cap E)+P(A^C\cap E)$$
$$=P(A)P(E|A)+P(A^C)P(E|A^C)$$
$$=\frac{3}{7}\times\frac{1}{2}+\frac{4}{7}\times\frac{2}{3}=\frac{25}{42}$$

답 $\frac{25}{42}$

09

빨간 상자에서 공을 꺼내는 사건을 A, 같은 색의 공을 꺼내는 사건을 E라 하면 파란 상자에서 공을 꺼내는 사건은 A^C이므로

$$P(A\cap E)=P(A)P(E|A)$$
$$=\frac{1}{2}\left(\frac{{}_2C_2}{{}_6C_2}+\frac{{}_4C_2}{{}_6C_2}\right)$$
$$=\frac{1}{2}\times\frac{7}{15}=\frac{7}{30}$$

$$P(A^C\cap E)=P(A^C)P(E|A^C)$$
$$=\frac{1}{2}\left(\frac{{}_3C_2}{{}_5C_2}+\frac{{}_2C_2}{{}_5C_2}\right)$$
$$=\frac{1}{2}\times\frac{2}{5}=\frac{1}{5}$$

$$\therefore P(E)=P(A\cap E)+P(A^C\cap E)=\frac{7}{30}+\frac{1}{5}=\frac{13}{30}$$

따라서 구하는 확률은

$$P(A^C|E)=\frac{P(A^C\cap E)}{P(E)}=\frac{\frac{1}{5}}{\frac{13}{30}}=\frac{6}{13}$$

답 ③

10

노란 주머니에서 홀수가 적힌 공을 꺼내는 사건을 A, 파란 주머니에서 홀수가 적힌 공을 꺼내는 사건을 B라 하면 A, B는 서로 독립이므로 구하는 확률은

$$P(A\cap B)=P(A)P(B)=\frac{4}{7}\times\frac{3}{5}=\frac{12}{35}$$

답 $\frac{12}{35}$

11

$A=\{1, 3, 5\}$, $B=\{2, 3, 5\}$, $C=\{1, 3\}$이므로
$A\cap B=\{3, 5\}$, $B\cap C=\{3\}$, $A\cap C=\{1, 3\}$

ㄱ. $P(A)=\frac{1}{2}$, $P(B)=\frac{1}{2}$, $P(A\cap B)=\frac{1}{3}$이므로

$P(A\cap B)\neq P(A)P(B)$

즉, 두 사건 A와 B는 서로 종속이다.

ㄴ. $P(B)=\frac{1}{2}$, $P(C)=\frac{1}{3}$, $P(B\cap C)=\frac{1}{6}$이므로

$P(B\cap C)=P(B)P(C)$

즉, 두 사건 B와 C는 서로 독립이다.

ㄷ. $P(A)=\frac{1}{2}$, $P(C)=\frac{1}{3}$, $P(A\cap C)=\frac{1}{3}$이므로

$P(A\cap C)\neq P(A)P(C)$

즉, 두 사건 A와 C는 서로 종속이다.

따라서 서로 독립인 사건은 ㄴ뿐이다.   답 ①

12

$P(A)=P(B)$이고 $P(A)+P(B)=\frac{2}{3}$이므로

$P(A)=\frac{1}{3}$, $P(B)=\frac{1}{3}$

$\therefore P(A^C)=1-P(A)=1-\frac{1}{3}=\frac{2}{3}$,

$\quad P(B^C)=1-P(B)=1-\frac{1}{3}=\frac{2}{3}$

이때 두 사건 A, B가 서로 독립이면 두 사건 A^C, B^C도 서로 독립이므로

$P(A^C\cap B^C)=P(A^C)P(B^C)=\frac{2}{3}\times\frac{2}{3}=\frac{4}{9}$ 답 $\frac{4}{9}$

13

두 사건 A, C는 서로 독립이므로

$P(A\cap C)=P(A)P(C)$에서

$\frac{1}{4}=P(A)\times\frac{1}{2}$ $\therefore P(A)=\frac{1}{2}$

한편, 두 사건 A, B는 서로 배반이므로

$P(A\cap B)=0$

따라서 $P(A\cup B)=P(A)+P(B)$이므로

$\frac{2}{3}=\frac{1}{2}+P(B)$ $\therefore P(B)=\frac{1}{6}$ 답 ①

14

완치율이 75 %이므로 환자 한 명이 완치될 확률은 $\frac{3}{4}$, 완치되지 못할 확률은 $\frac{1}{4}$이다.

이때, 환자 4명 중 적어도 한 명이 완치되는 사건을 A라 하면 네 명 모두 완치되지 못하는 사건은 A^C이므로

$P(A^C)=\left(\frac{1}{4}\right)^4=\frac{1}{256}$

$\therefore P(A)=1-P(A^C)=1-\frac{1}{256}=\frac{255}{256}$

따라서 $p=256$, $q=255$이므로

$p+q=256+255=511$ 답 511

15

두 눈의 수의 합이 짝수이려면

(홀수)+(홀수) 또는 (짝수)+(짝수)

이어야 한다. 즉, 서로 다른 두 개의 주사위를 동시에 한 번 던질 때, 두 눈의 수의 합이 짝수일 확률은

$\frac{1}{2}\times\frac{1}{2}+\frac{1}{2}\times\frac{1}{2}=\frac{1}{2}$

따라서 구하는 확률은

$_8C_5\left(\frac{1}{2}\right)^5\left(\frac{1}{2}\right)^3=\frac{7}{32}$ 답 ⑤

16

(i) 홀수가 적힌 공을 꺼내고, 동전을 3번 던져서 3번 모두 앞면이 나올 확률은

$\frac{1}{2}\times\left(\frac{1}{2}\right)^3=\frac{1}{16}$

(ii) 짝수가 적힌 공을 꺼내고, 동전을 4번 던져서 앞면이 3번 나올 확률은

$\frac{1}{2}\times{}_4C_3\left(\frac{1}{2}\right)^3\left(\frac{1}{2}\right)^1=\frac{1}{8}$

따라서 구하는 확률은

$\frac{1}{16}+\frac{1}{8}=\frac{3}{16}$

이므로 $p=16$, $q=3$

$\therefore p+q=16+3=19$ 답 19

 통계

01 | 이산확률분포

교과서 핵심 개념별 대표 유형 익히기   본문 **32~36쪽**

개념 ① 확률질량함수

개념 Check

1 파란 구슬 5개와 빨간 구슬 2개가 들어 있는 주머니에서 구슬 3개를 동시에 꺼낼 때, 나오는 빨간 구슬의 개수는 0 또는 1 또는 2이다. 따라서 확률변수 X가 가지는 모든 값은 0, 1, 2이다.

답 0, 1, 2

유형 01

확률의 총합은 1이므로

$2a^2 + \dfrac{a}{2} + \dfrac{a}{2} = 1$

$2a^2 + a - 1 = 0,\ (2a-1)(a+1) = 0$

$\therefore a = \dfrac{1}{2}\ (\because a \geq 0)$ **답** $\dfrac{1}{2}$

01-1

확률의 총합은 1이므로

$\mathrm{P}(X=1) + \mathrm{P}(X=2) = 1$

$a + 4a = 1$

$\therefore a = \dfrac{1}{5}$ **답** $\dfrac{1}{5}$

01-2

$\mathrm{P}(X=1) = \dfrac{k}{{}_4\mathrm{C}_1} = \dfrac{k}{4}$

$\mathrm{P}(X=2) = \dfrac{k}{{}_4\mathrm{C}_2} = \dfrac{k}{6}$

$\mathrm{P}(X=3) = \dfrac{k}{{}_4\mathrm{C}_3} = \dfrac{k}{4}$

$\mathrm{P}(X=4) = \dfrac{k}{{}_4\mathrm{C}_4} = k$

확률의 총합은 1이므로

$\dfrac{k}{4} + \dfrac{k}{6} + \dfrac{k}{4} + k = 1$

$\dfrac{5}{3}k = 1$ $\therefore k = \dfrac{3}{5}$ **답** $\dfrac{3}{5}$

01-3

(1) 확률의 총합은 1이므로

$a + 2a + 2a + 3a = 1,\ 8a = 1$ $\therefore a = \dfrac{1}{8}$

(2) $\mathrm{P}(2 \leq X \leq 3) = \mathrm{P}(X=2) + \mathrm{P}(X=3)$

$= \dfrac{2}{8} + \dfrac{3}{8}$

$= \dfrac{5}{8}$ **답** (1) $\dfrac{1}{8}$ (2) $\dfrac{5}{8}$

개념 ② 확률분포와 확률

개념 Check

1 (1) $\mathrm{P}(X=2) = \dfrac{1}{2}$

(2) $\mathrm{P}(1 \leq X \leq 2) = \mathrm{P}(X=1) + \mathrm{P}(X=2)$

$= \dfrac{1}{6} + \dfrac{1}{2}$

$= \dfrac{2}{3}$ **답** (1) $\dfrac{1}{2}$ (2) $\dfrac{2}{3}$

유형 02

(1) 각 면에 1, 1, 1, 2, 2, 3의 숫자가 하나씩 적힌 주사위를 한 번 던질 때 나오는 눈의 수는 1, 2, 3이므로 확률변수 X가 가질 수 있는 값은 1, 2, 3이고

$\mathrm{P}(X=1) = \dfrac{3}{6} = \dfrac{1}{2},\ \mathrm{P}(X=2) = \dfrac{2}{6} = \dfrac{1}{3},$

$\mathrm{P}(X=3) = \dfrac{1}{6}$

따라서 확률변수 X의 확률분포를 표로 나타내면 다음과 같다.

X	1	2	3	합계
$\mathrm{P}(X=x)$	$\dfrac{1}{2}$	$\dfrac{1}{3}$	$\dfrac{1}{6}$	1

(2) $\mathrm{P}(X=1) = \dfrac{1}{2}$

(3) $\mathrm{P}(X^2 - 4X + 4 = 0) = \mathrm{P}((X-2)^2 = 0)$

$= \mathrm{P}(X=2)$

$= \dfrac{1}{3}$ **답** (1) 풀이 참조 (2) $\dfrac{1}{2}$ (3) $\dfrac{1}{3}$

02-1

3개의 사탕과 5개의 초콜릿이 들어 있는 상자에서 임의로 4개를 동시에 꺼낼 때, 나올 수 있는 사탕의 개수는 0, 1, 2, 3이므로 확률변수 X가 가질 수 있는 값은 0, 1, 2, 3이고

$\mathrm{P}(X=0) = \dfrac{{}_3\mathrm{C}_0 \times {}_5\mathrm{C}_4}{{}_8\mathrm{C}_4} = \dfrac{1}{14},\ \mathrm{P}(X=1) = \dfrac{{}_3\mathrm{C}_1 \times {}_5\mathrm{C}_3}{{}_8\mathrm{C}_4} = \dfrac{3}{7},$

$\mathrm{P}(X=2) = \dfrac{{}_3\mathrm{C}_2 \times {}_5\mathrm{C}_2}{{}_8\mathrm{C}_4} = \dfrac{3}{7},\ \mathrm{P}(X=3) = \dfrac{{}_3\mathrm{C}_3 \times {}_5\mathrm{C}_1}{{}_8\mathrm{C}_4} = \dfrac{1}{14}$

따라서 확률변수 X의 확률분포를 표로 나타내면 다음과 같다.

X	0	1	2	3	합계
$\mathrm{P}(X=x)$	$\dfrac{1}{14}$	$\dfrac{3}{7}$	$\dfrac{3}{7}$	$\dfrac{1}{14}$	1

$\therefore \mathrm{P}(X^2 - 3X + 2 \leq 0) = \mathrm{P}((X-1)(X-2) \leq 0)$

$= \mathrm{P}(1 \leq X \leq 2)$

$= \mathrm{P}(X=1) + \mathrm{P}(X=2)$

$= \dfrac{3}{7} + \dfrac{3}{7}$

$= \dfrac{6}{7}$ **답** ⑤

02-2

세 개의 숫자 1, 2, 3이 각각 하나씩 적힌 3장의 카드 중에서 2장을 동시에 뽑을 때, 카드에 적힌 두 수의 차는 1 또는 2이므로

확률변수 X가 가질 수 있는 값은 1, 2이고

$\mathrm{P}(X=1)=\dfrac{{}_2\mathrm{C}_2}{{}_3\mathrm{C}_2}=\dfrac{2}{3}$, $\mathrm{P}(X=2)=\dfrac{1}{{}_3\mathrm{C}_2}=\dfrac{1}{3}$

따라서 확률변수 X의 확률분포를 표로 나타내면 다음과 같다.

X	1	2	합계
$\mathrm{P}(X=x)$	$\dfrac{2}{3}$	$\dfrac{1}{3}$	1

$$\begin{aligned}\therefore \mathrm{P}(X^2-2X+1=0)&=\mathrm{P}((X-1)^2=0)\\&=\mathrm{P}(X=1)\\&=\dfrac{2}{3}\end{aligned}$$

답 ①

02-3

남학생 4명과 여학생 5명 중에서 글짓기 대회에 나갈 3명을 임의로 선발할 때, 선발될 수 있는 여학의 수는 0, 1, 2, 3명이므로 확률변수 X가 가질 수 있는 값은 0, 1, 2, 3이고

$\mathrm{P}(X=0)=\dfrac{{}_5\mathrm{C}_0\times{}_4\mathrm{C}_3}{{}_9\mathrm{C}_3}=\dfrac{1}{21}$, $\mathrm{P}(X=1)=\dfrac{{}_5\mathrm{C}_1\times{}_4\mathrm{C}_2}{{}_9\mathrm{C}_3}=\dfrac{5}{14}$,

$\mathrm{P}(X=2)=\dfrac{{}_5\mathrm{C}_2\times{}_4\mathrm{C}_1}{{}_9\mathrm{C}_3}=\dfrac{10}{21}$, $\mathrm{P}(X=3)=\dfrac{{}_5\mathrm{C}_3\times{}_4\mathrm{C}_0}{{}_9\mathrm{C}_3}=\dfrac{5}{42}$

따라서 확률변수 X의 확률분포를 표로 나타내면 다음과 같다.

X	0	1	2	3	합계
$\mathrm{P}(X=x)$	$\dfrac{1}{21}$	$\dfrac{5}{14}$	$\dfrac{10}{21}$	$\dfrac{5}{42}$	1

$$\begin{aligned}\mathrm{P}(X\geq2)&=\mathrm{P}(X=2)+\mathrm{P}(X=3)\\&=\dfrac{10}{21}+\dfrac{5}{42}\\&=\dfrac{25}{42}\end{aligned}$$

$\therefore a=2$

답 2

개념 **3** 이산확률변수의 평균, 분산, 표준편차

개념 Check

1 (1) $\mathrm{E}(X)=1\times\dfrac{5}{12}+2\times\dfrac{1}{4}+3\times\dfrac{1}{3}=\dfrac{23}{12}$

(2) $\mathrm{E}(X^2)=1^2\times\dfrac{5}{12}+2^2\times\dfrac{1}{4}+3^2\times\dfrac{1}{3}=\dfrac{53}{12}$

(3) $\begin{aligned}\mathrm{V}(X)&=\mathrm{E}(X^2)-\{\mathrm{E}(X)\}^2\\&=\dfrac{53}{12}-\left(\dfrac{23}{12}\right)^2\\&=\dfrac{107}{144}\end{aligned}$

답 (1) $\dfrac{23}{12}$ (2) $\dfrac{53}{12}$ (3) $\dfrac{107}{144}$

유형 **03**

확률변수 X의 확률분포를 표로 나타내면 다음과 같다.

X	1	2	3	4	5	합계
$\mathrm{P}(X=x)$	$\dfrac{1}{15}$	$\dfrac{2}{15}$	$\dfrac{3}{15}$	$\dfrac{4}{15}$	$\dfrac{5}{15}$	1

(1) $\begin{aligned}\mathrm{E}(X)&=1\times\dfrac{1}{15}+2\times\dfrac{2}{15}+3\times\dfrac{3}{15}+4\times\dfrac{4}{15}+5\times\dfrac{5}{15}\\&=\dfrac{11}{3}\end{aligned}$

(2) $\begin{aligned}\mathrm{V}(X)&=1^2\times\dfrac{1}{15}+2^2\times\dfrac{2}{15}+3^2\times\dfrac{3}{15}+4^2\times\dfrac{4}{15}+5^2\times\dfrac{5}{15}\\&\quad-\left(\dfrac{11}{3}\right)^2\\&=15-\dfrac{121}{9}=\dfrac{14}{9}\end{aligned}$

(3) $\sigma(X)=\sqrt{\mathrm{V}(X)}=\sqrt{\dfrac{14}{9}}=\dfrac{\sqrt{14}}{3}$

답 (1) $\dfrac{11}{3}$ (2) $\dfrac{14}{9}$ (3) $\dfrac{\sqrt{14}}{3}$

03-1

확률의 총합은 1이므로

$\dfrac{2}{5}+\dfrac{3}{10}+a+\dfrac{1}{10}=1$ $\therefore a=\dfrac{1}{5}$

따라서 확률변수 X의 확률분포를 표로 나타내면 다음과 같다.

X	1	2	3	4	합계
$\mathrm{P}(X=x)$	$\dfrac{2}{5}$	$\dfrac{3}{10}$	$\dfrac{1}{5}$	$\dfrac{1}{10}$	1

$$\therefore \mathrm{E}(X)=1\times\dfrac{2}{5}+2\times\dfrac{3}{10}+3\times\dfrac{1}{5}+4\times\dfrac{1}{10}=2$$

$$\begin{aligned}\mathrm{V}(X)&=1^2\times\dfrac{2}{5}+2^2\times\dfrac{3}{10}+3^2\times\dfrac{1}{5}+4^2\times\dfrac{1}{10}-2^2\\&=5-4\\&=1\end{aligned}$$

답 $\mathrm{E}(X)=2$, $\mathrm{V}(X)=1$

유형 **04**

당첨 복권 2장이 포함된 10장의 복권 중에서 3장의 복권을 동시에 뽑을 때, 나올 수 있는 당첨 복권의 장수는 0, 1, 2이므로 확률변수 X가 가질 수 있는 값은 0, 1, 2이고

$\mathrm{P}(X=0)=\dfrac{{}_2\mathrm{C}_0\times{}_8\mathrm{C}_3}{{}_{10}\mathrm{C}_3}=\dfrac{7}{15}$, $\mathrm{P}(X=1)=\dfrac{{}_2\mathrm{C}_1\times{}_8\mathrm{C}_2}{{}_{10}\mathrm{C}_3}=\dfrac{7}{15}$,

$\mathrm{P}(X=2)=\dfrac{{}_2\mathrm{C}_2\times{}_8\mathrm{C}_1}{{}_{10}\mathrm{C}_3}=\dfrac{1}{15}$

따라서 확률변수 X의 확률분포를 표로 나타내면 다음과 같다.

X	0	1	2	합계
$\mathrm{P}(X=x)$	$\dfrac{7}{15}$	$\dfrac{7}{15}$	$\dfrac{1}{15}$	1

(1) $\mathrm{E}(X)=0\times\dfrac{7}{15}+1\times\dfrac{7}{15}+2\times\dfrac{1}{15}=\dfrac{3}{5}$

(2) $\begin{aligned}\mathrm{V}(X)&=0^2\times\dfrac{7}{15}+1^2\times\dfrac{7}{15}+2^2\times\dfrac{1}{15}-\left(\dfrac{3}{5}\right)^2\\&=\dfrac{11}{15}-\dfrac{9}{25}=\dfrac{28}{75}\end{aligned}$

(3) $\sigma(X)=\sqrt{\mathrm{V}(X)}=\sqrt{\dfrac{28}{75}}=\dfrac{2\sqrt{21}}{15}$

답 (1) $\dfrac{3}{5}$ (2) $\dfrac{28}{75}$ (3) $\dfrac{2\sqrt{21}}{15}$

04-1

한 개의 동전을 던지는 시행을 3회 반복할 때,

(ⅰ) 앞면이 3번 나오면 3점

(ⅱ) 앞면이 2번, 뒷면이 1번 나오면 4점

(ⅲ) 앞면이 1번, 뒷면이 2번 나오면 5점

(ⅳ) 뒷면이 3번 나오면 6점

을 얻으므로 확률변수 X가 가질 수 있는 값은 3, 4, 5, 6이고

$P(X=3)={}_3C_0\left(\dfrac{1}{2}\right)^3=\dfrac{1}{8}$, $P(X=4)={}_3C_1\left(\dfrac{1}{2}\right)^1\left(\dfrac{1}{2}\right)^2=\dfrac{3}{8}$,

$P(X=5)={}_3C_2\left(\dfrac{1}{2}\right)^2\left(\dfrac{1}{2}\right)^1=\dfrac{3}{8}$, $P(X=6)={}_3C_3\left(\dfrac{1}{2}\right)^3=\dfrac{1}{8}$

따라서 확률변수 X의 확률분포를 표로 나타내면 다음과 같다.

X	3	4	5	6	합계
$P(X=x)$	$\dfrac{1}{8}$	$\dfrac{3}{8}$	$\dfrac{3}{8}$	$\dfrac{1}{8}$	1

이때 $E(X)=3\times\dfrac{1}{8}+4\times\dfrac{3}{8}+5\times\dfrac{3}{8}+6\times\dfrac{1}{8}=\dfrac{9}{2}$이고

$V(X)=3^2\times\dfrac{1}{8}+4^2\times\dfrac{3}{8}+5^2\times\dfrac{3}{8}+6^2\times\dfrac{1}{8}-\left(\dfrac{9}{2}\right)^2$

$\qquad=21-\left(\dfrac{9}{2}\right)^2=\dfrac{3}{4}$

$\therefore \sigma(X)=\sqrt{V(X)}=\dfrac{\sqrt{3}}{2}$

답 ②

개념 ④ 확률변수 $aX+b$의 평균, 분산, 표준편차

개념 Check

1 $E(X)=10$, $V(X)=5$에서

(1) $E(3X+2)=3E(X)+2=3\times10+2=32$

(2) $V(3X+2)=3^2V(X)=9\times5=45$

(3) $\sigma(X)=\sqrt{V(X)}=\sqrt{5}$이므로

$\sigma(3X+2)=|3|\sigma(X)=3\sqrt{5}$

답 (1) 32 (2) 45 (3) $3\sqrt{5}$

유형 ⑤

$E(X)=1\times\dfrac{1}{2}+2\times\dfrac{1}{5}+3\times\dfrac{3}{10}=\dfrac{9}{5}$

$V(X)=1^2\times\dfrac{1}{2}+2^2\times\dfrac{1}{5}+3^2\times\dfrac{3}{10}-\left(\dfrac{9}{5}\right)^2$

$\qquad=\dfrac{19}{25}$

$\therefore V(2X+3)=2^2V(X)=4\times\dfrac{19}{25}=\dfrac{76}{25}$

답 ④

05-1

$E(X)=10\times\dfrac{1}{5}+20\times\dfrac{3}{10}+30\times\dfrac{3}{10}+40\times\dfrac{1}{5}=25$

$V(X)=10^2\times\dfrac{1}{5}+20^2\times\dfrac{3}{10}+30^2\times\dfrac{3}{10}+40^2\times\dfrac{1}{5}-25^2$

$\qquad=730-625$

$\qquad=105$

(1) $E(2X-3)=2E(X)-3=2\times25-3=47$

(2) $V(2X-3)=2^2V(X)=4\times105=420$

답 (1) 47 (2) 420

유형 ⑥

확률변수 X의 확률분포를 표로 나타내면 다음과 같다.

X	1	2	3	4	5	6	합계
$P(X=x)$	$\dfrac{1}{6}$	$\dfrac{1}{6}$	$\dfrac{1}{6}$	$\dfrac{1}{6}$	$\dfrac{1}{6}$	$\dfrac{1}{6}$	1

$E(X)=1\times\dfrac{1}{6}+2\times\dfrac{1}{6}+3\times\dfrac{1}{6}+4\times\dfrac{1}{6}+5\times\dfrac{1}{6}+6\times\dfrac{1}{6}=\dfrac{7}{2}$

$V(X)=1^2\times\dfrac{1}{6}+2^2\times\dfrac{1}{6}+3^2\times\dfrac{1}{6}+4^2\times\dfrac{1}{6}+5^2\times\dfrac{1}{6}+6^2\times\dfrac{1}{6}$

$\qquad\qquad\qquad\qquad\qquad\qquad\qquad\quad-\left(\dfrac{7}{2}\right)^2$

$\qquad=\dfrac{91}{6}-\dfrac{49}{4}=\dfrac{35}{12}$

$\therefore V(-6X+7)=(-6)^2V(X)$

$\qquad\qquad\qquad\;=36\times\dfrac{35}{12}$

$\qquad\qquad\qquad\;=105$

답 105

06-1

흰 공 3개, 검은 공 4개가 들어 있는 주머니에서 2개의 공을 동시에 꺼낼 때, 나올 수 있는 흰 공의 개수는 0, 1, 2이므로 확률변수 X가 가질 수 있는 값은 0, 1, 2이고

$P(X=0)=\dfrac{{}_3C_0\times{}_4C_2}{{}_7C_2}=\dfrac{2}{7}$

$P(X=1)=\dfrac{{}_3C_1\times{}_4C_1}{{}_7C_2}=\dfrac{4}{7}$

$P(X=2)=\dfrac{{}_3C_2\times{}_4C_0}{{}_7C_2}=\dfrac{1}{7}$

따라서 확률변수 X의 확률분포를 표로 나타내면 다음과 같다.

X	0	1	2	합계
$P(X=x)$	$\dfrac{2}{7}$	$\dfrac{4}{7}$	$\dfrac{1}{7}$	1

$\therefore E(X)=0\times\dfrac{2}{7}+1\times\dfrac{4}{7}+2\times\dfrac{1}{7}=\dfrac{6}{7}$

$V(X)=0^2\times\dfrac{2}{7}+1^2\times\dfrac{4}{7}+2^2\times\dfrac{1}{7}-\left(\dfrac{6}{7}\right)^2$

$\qquad=\dfrac{20}{49}$

(1) $E(-2X+5)=-2E(X)+5$

$\qquad\qquad\qquad=(-2)\times\dfrac{6}{7}+5=\dfrac{23}{7}$

(2) $V(-2X+5)=(-2)^2V(X)=4\times\dfrac{20}{49}=\dfrac{80}{49}$

답 (1) $\dfrac{23}{7}$ (2) $\dfrac{80}{49}$

개념 **5** 이항분포

개념 Check

1 한 개의 주사위를 세 번 던지므로 3회의 독립시행이다. 이때 한 개의 주사위를 1회 던져 2의 배수의 눈이 나올 확률은 $\dfrac{1}{2}$이므로 3회 시행에서 2의 배수의 눈이 나오는 횟수를 확률변수 X라 하면 X는 이항분포 $\mathrm{B}\left(\boxed{3}, \boxed{\dfrac{1}{2}}\right)$을 따른다.　답 $3, \dfrac{1}{2}$

2 확률변수 X가 이항분포 $\mathrm{B}\left(10, \dfrac{1}{4}\right)$을 따르므로

(1) $\mathrm{E}(X)=10\times\dfrac{1}{4}=\dfrac{5}{2}$

(2) $\mathrm{V}(X)=10\times\dfrac{1}{4}\times\dfrac{3}{4}=\dfrac{15}{8}$　답 (1) $\dfrac{5}{2}$ (2) $\dfrac{15}{8}$

유형 **07**

한 개의 주사위를 한 번 던질 때 짝수의 눈이 나올 확률은 $\dfrac{1}{2}$이다. 따라서 한 개의 주사위를 5번 던져 짝수의 눈이 나오는 횟수 X는 이항분포 $\mathrm{B}\left(5, \dfrac{1}{2}\right)$을 따른다.

(1) $\mathrm{P}(X=5)$는 한 개의 주사위를 5번 던져 짝수의 눈이 5번 나올 확률이므로

$\mathrm{P}(X=5)={}_5\mathrm{C}_5\left(\dfrac{1}{2}\right)^5=\dfrac{1}{32}$

(2) 확률변수 X가 가질 수 있는 값은 0, 1, 2, $\cdots$, 5이므로

$\mathrm{P}(X\leq4)=1-\mathrm{P}(X=5)$
$=1-\dfrac{1}{32}=\dfrac{31}{32}$　답 (1) $\dfrac{1}{32}$ (2) $\dfrac{31}{32}$

07-1

한 번 쏘아 목표물을 맞힐 확률이 $\dfrac{4}{5}$이므로 5번 쏘아 목표물을 맞히는 횟수 X는 이항분포 $\mathrm{B}\left(5, \dfrac{4}{5}\right)$를 따른다.
따라서 X의 확률질량함수는

$$\mathrm{P}(X=x)=\begin{cases}{}_5\mathrm{C}_0\left(\dfrac{1}{5}\right)^5 & (x=0)\\[2mm] {}_5\mathrm{C}_x\left(\dfrac{4}{5}\right)^x\left(\dfrac{1}{5}\right)^{5-x} & (x=1,\,2,\,3,\,4)\\[2mm] {}_5\mathrm{C}_5\left(\dfrac{4}{5}\right)^5 & (x=5)\end{cases}$$

이므로

$\mathrm{P}(X=0)={}_5\mathrm{C}_0\left(\dfrac{1}{5}\right)^5=\dfrac{1}{5^5}$

$\mathrm{P}(X=1)={}_5\mathrm{C}_1\left(\dfrac{4}{5}\right)^1\left(\dfrac{1}{5}\right)^4=\dfrac{4}{5^4}$

$\mathrm{P}(X=2)={}_5\mathrm{C}_2\left(\dfrac{4}{5}\right)^2\left(\dfrac{1}{5}\right)^3=\dfrac{32}{5^4}$

$\therefore \mathrm{P}(X\leq2)=\mathrm{P}(X=0)+\mathrm{P}(X=1)+\mathrm{P}(X=2)$
$=\dfrac{1}{5^5}+\dfrac{4}{5^4}+\dfrac{32}{5^4}=\dfrac{181}{5^5}$

$\therefore k=181$　답 181

유형 **08**

확률변수 X가 이항분포 $\mathrm{B}\left(12, \dfrac{1}{3}\right)$을 따르므로

(1) $\mathrm{E}(X)=12\times\dfrac{1}{3}=4$

(2) $\mathrm{V}(X)=12\times\dfrac{1}{3}\times\dfrac{2}{3}=\dfrac{8}{3}$　답 (1) 4 (2) $\dfrac{8}{3}$

08-1

확률변수 X가 이항분포 $\mathrm{B}\left(300, \dfrac{1}{5}\right)$을 따르므로

$\mathrm{E}(X)=300\times\dfrac{1}{5}=60$

$\mathrm{V}(X)=300\times\dfrac{1}{5}\times\dfrac{4}{5}=48$

(1) $\mathrm{E}(2X-8)=2\mathrm{E}(X)-8=2\times60-8=112$

(2) $\mathrm{V}(2X-8)=2^2\mathrm{V}(X)=4\times48=192$
답 (1) 112 (2) 192

대표 유형 **다지기**
본문 37~38쪽

01 ③	**02** 7	**03** 2	**04** ①	**05** ①
06 15	**07** ②	**08** 117	**09** 4	**10** 323
11 30	**12** ③	**13** ③	**14** 3620	**15** 35
16 6				

01

확률의 총합은 1이므로

$\mathrm{P}(X=1)+\mathrm{P}(X=2)+\mathrm{P}(X=3)+\cdots+\mathrm{P}(X=6)=1$

$\dfrac{1}{12}+\dfrac{k}{4}+\dfrac{3}{12}+\dfrac{3k}{4}+\dfrac{5}{12}+\dfrac{5k}{4}=1$

$\dfrac{3}{4}+\dfrac{9k}{4}=1$　$\therefore k=\dfrac{1}{9}$　답 ③

02

확률의 총합은 1이므로

$\dfrac{1}{5}+\dfrac{2}{5}+k+\dfrac{1}{10}=1$　$\therefore k=\dfrac{3}{10}$

$\therefore \mathrm{P}(-2<X\leq1)=\mathrm{P}(X=0)+\mathrm{P}(X=1)$
$=\dfrac{2}{5}+\dfrac{3}{10}$
$=\dfrac{7}{10}$

따라서 $p=\dfrac{7}{10}$이므로

$10p=10\times\dfrac{7}{10}=7$　답 7

03

확률변수 X가 가질 수 있는 값은 1, 2, 3, 4, 5이고

$\mathrm{P}(X=1)=\dfrac{5}{15}=\dfrac{1}{3}$, $\mathrm{P}(X=2)=\dfrac{4}{15}$, $\mathrm{P}(X=3)=\dfrac{3}{15}=\dfrac{1}{5}$,

$P(X=4)=\dfrac{2}{15}$, $P(X=5)=\dfrac{1}{15}$

이므로 확률변수 X의 확률분포를 표로 나타내면 다음과 같다.

X	1	2	3	4	5	합계
$P(X=x)$	$\dfrac{1}{3}$	$\dfrac{4}{15}$	$\dfrac{1}{5}$	$\dfrac{2}{15}$	$\dfrac{1}{15}$	1

$P(X\leq2)=P(X=1)+P(X=2)=\dfrac{1}{3}+\dfrac{4}{15}=\dfrac{3}{5}$이므로

$a=2$　　　　　　　　　　　　　　　　**답** 2

04

$P(0\leq X\leq1)=\dfrac{3}{4}$에서

$P(X=0)+P(X=1)=\dfrac{3}{4}$

$\dfrac{3+a}{8}+\dfrac{1}{8}=\dfrac{3}{4}$　　$\therefore a=2$

$\therefore E(X)=(-2)\times\dfrac{1}{8}+(-1)\times\dfrac{1}{8}+0\times\dfrac{5}{8}+1\times\dfrac{1}{8}$

$\qquad\qquad=-\dfrac{1}{4}$　　　　　　　　　**답** ①

05

확률의 총합은 1이므로

$\dfrac{1}{8}+a+\dfrac{1}{8}+b+\dfrac{1}{4}=1$

$\therefore a+b=\dfrac{1}{2}$　　　　　　　　…… ㉠

$E(X)=2$이므로

$0\times\dfrac{1}{8}+1\times a+2\times\dfrac{1}{8}+3\times b+4\times\dfrac{1}{4}=2$

$\therefore a+3b=\dfrac{3}{4}$　　　　　　　　…… ㉡

㉠, ㉡을 연립하여 풀면

$a=\dfrac{3}{8}$, $b=\dfrac{1}{8}$

$\therefore V(X)=E(X^2)-\{E(X)\}^2$

$\qquad=0^2\times\dfrac{1}{8}+1^2\times\dfrac{3}{8}+2^2\times\dfrac{1}{8}+3^2\times\dfrac{1}{8}+4^2\times\dfrac{1}{4}-2^2$

$\qquad=6-4$

$\qquad=2$　　　　　　　　　　　　　**답** ①

06

$E(X)=0\times\dfrac{1}{4}+1\times\dfrac{3}{8}+2\times\dfrac{1}{4}+3\times\dfrac{1}{8}=\dfrac{5}{4}$

$V(X)=E(X^2)-\{E(X)\}^2$

$\qquad=0^2\times\dfrac{1}{4}+1^2\times\dfrac{3}{8}+2^2\times\dfrac{1}{4}+3^2\times\dfrac{1}{8}-\left(\dfrac{5}{4}\right)^2$

$\qquad=\dfrac{5}{2}-\dfrac{25}{16}$

$\qquad=\dfrac{15}{16}$

$\therefore V(4X+5)=4^2V(X)$

$\qquad\qquad\qquad=16\times\dfrac{15}{16}$

$\qquad\qquad\qquad=15$　　　　　　　　　**답** 15

07

$E(2X+3)=11$에서

$2E(X)+3=11$　　$\therefore E(X)=4$

$V(2X+3)=40$에서

$2^2V(X)=40$　　$\therefore V(X)=10$

$\therefore E(X^2)=V(X)+\{E(X)\}^2$

$\qquad\qquad=10+4^2$

$\qquad\qquad=26$　　　　　　　　　　**답** ②

08

확률변수 X가 가질 수 있는 값은 0, 1, 2, 3이고

$P(X=0)=\dfrac{{}_3C_0\times{}_3C_3}{{}_6C_3}=\dfrac{1}{20}$, $P(X=1)=\dfrac{{}_3C_1\times{}_3C_2}{{}_6C_3}=\dfrac{9}{20}$,

$P(X=2)=\dfrac{{}_3C_2\times{}_3C_1}{{}_6C_3}=\dfrac{9}{20}$, $P(X=3)=\dfrac{{}_3C_3\times{}_3C_0}{{}_6C_3}=\dfrac{1}{20}$

이므로 확률변수 X의 확률분포를 표로 나타내면 다음과 같다.

X	0	1	2	3	합계
$P(X=x)$	$\dfrac{1}{20}$	$\dfrac{9}{20}$	$\dfrac{9}{20}$	$\dfrac{1}{20}$	1

$\therefore E(X)=0\times\dfrac{1}{20}+1\times\dfrac{9}{20}+2\times\dfrac{9}{20}+3\times\dfrac{1}{20}=\dfrac{3}{2}$

$V(X)=E(X^2)-\{E(X)\}^2$

$\qquad=0^2\times\dfrac{1}{20}+1^2\times\dfrac{9}{20}+2^2\times\dfrac{9}{20}+3^2\times\dfrac{1}{20}-\left(\dfrac{3}{2}\right)^2$

$\qquad=\dfrac{27}{10}-\dfrac{9}{4}$

$\qquad=\dfrac{9}{20}$

따라서 $4X+3$의 평균 a, 분산 b를 구하면

$E(4X+3)=4E(X)+3=4\times\dfrac{3}{2}+3=9$　　$\therefore a=9$

$V(4X+3)=4^2V(X)=16\times\dfrac{9}{20}=\dfrac{36}{5}$　　$\therefore b=\dfrac{36}{5}$

$\therefore a^2+5b=81+5\times\dfrac{36}{5}=117$　　　　**답** 117

09

4명이 일렬로 서는 경우의 수는 4!

(i) $X=0$, 즉 부모 사이에 자녀가 한 명도 서지 않는 경우
　부모가 이웃하여 서는 경우이다. 즉, 이 경우의 수는 부모를 한
　명으로 생각하여 3명이 일렬로 서는 경우의 수에 부모가 서로
　자리를 바꾸는 경우의 수를 곱하면 되므로

$\qquad P(X=0)=\dfrac{3!\times2!}{4!}=\dfrac{1}{2}$

(ii) $X=1$, 즉 부모 사이에 자녀가 한 명 서는 경우
　이 경우의 수는 □○□○의 □자리에 부모가, ○자리에 자녀
　가 서는 경우의 수와 □자리에 자녀가, ○자리에 부모가 서는
　경우의 수의 합과 같으므로

$\qquad P(X=1)=\dfrac{2!\times2!+2!\times2!}{4!}=\dfrac{1}{3}$

(iii) $X=2$, 즉 부모 사이에 자녀가 두 명 서는 경우
　이 경우의 수는 부모가 양 끝에 서는 경우의 수와 가운데에 자
　녀 2명이 일렬로 서는 경우의 수의 곱과 같으므로

$$P(X=2)=\frac{2! \times 2!}{4!}=\frac{1}{6}$$

(i)~(iii)에서 확률변수 X의 확률분포를 표로 나타내면 다음과 같다.

X	0	1	2	합계
$P(X=x)$	$\frac{1}{2}$	$\frac{1}{3}$	$\frac{1}{6}$	1

따라서 $E(X)=0 \times \frac{1}{2}+1 \times \frac{1}{3}+2 \times \frac{1}{6}=\frac{2}{3}$이므로

$$\begin{aligned} E(3X+2) &=3E(X)+2 \\ &=3 \times \frac{2}{3}+2 \\ &=4 \end{aligned}$$

답 4

10

한 개의 주사위를 한 번 던질 때 5 이상의 눈이 나올 확률은 $\frac{1}{3}$이므로 확률변수 X는 이항분포 $B\left(6, \frac{1}{3}\right)$을 따른다.

$$\therefore P(X=2)={}_6C_2\left(\frac{1}{3}\right)^2\left(\frac{2}{3}\right)^4=\frac{80}{243}$$

따라서 $p=243$, $q=80$이므로

$$p+q=243+80=323$$

답 323

11

치료율이 90 %인 치료제를 10000명에게 투여했을 때, 병이 낫는 환자의 수를 확률변수 X라 하면 X는 이항분포 $B\left(10000, \frac{9}{10}\right)$ 따른다.

따라서 $V(X)=10000 \times \frac{9}{10} \times \frac{1}{10}=900$이므로

$$\sigma(X)=\sqrt{V(X)}=\sqrt{900}=30$$

답 30

12

확률변수 X는 이항분포 $B\left(200, \frac{1}{4}\right)$을 따르므로

$$V(X)=200 \times \frac{1}{4} \times \frac{3}{4}=\frac{75}{2}$$

$$\sigma(X)=\sqrt{V(X)}=\sqrt{\frac{75}{2}}=\frac{5\sqrt{6}}{2}$$

$$\therefore \sigma(2X-5)=|2|\sigma(X)=2 \times \frac{5\sqrt{6}}{2}=5\sqrt{6}$$

답 ③

13

확률변수 X가 이항분포 $B\left(n, \frac{1}{12}\right)$을 따르므로

$$E(X)=\frac{n}{12}$$

$E(2X)=1$에서

$$2E(X)=\frac{n}{6}=1 \qquad \therefore n=6$$

즉, X는 이항분포 $B\left(6, \frac{1}{12}\right)$을 따르므로

$$V(X)=6 \times \frac{1}{12} \times \frac{11}{12}=\frac{11}{24}$$

$$\begin{aligned} \therefore V(nX)&=V(6X)=6^2V(X) \\ &=36 \times \frac{11}{24}=\frac{33}{2} \end{aligned}$$

답 ③

14

한 개의 주사위를 한 번 던질 때 6의 약수의 눈이 나올 확률은 $\frac{2}{3}$이므로 확률변수 X는 이항분포 $B\left(90, \frac{2}{3}\right)$를 따른다.

$$\therefore E(X)=90 \times \frac{2}{3}=60,$$

$$V(X)=90 \times \frac{2}{3} \times \frac{1}{3}=20$$

따라서 $V(X)=E(X^2)-\{E(X)\}^2$이므로

$$\begin{aligned} E(X^2)&=V(X)+\{E(X)\}^2 \\ &=20+60^2 \\ &=3620 \end{aligned}$$

답 3620

15

이항분포 $B(10, p)$를 따르는 확률변수 X에 대하여

$P(X=4)=\frac{1}{6}P(X=5)$이므로

$${}_{10}C_4 p^4(1-p)^6=\frac{1}{6} \times {}_{10}C_5 p^5(1-p)^5$$

$${}_{10}C_4(1-p)=\frac{1}{6} \times {}_{10}C_5 p \ (\because 0<p<1)$$

$$\frac{10!}{4! \times 6!}(1-p)=\frac{1}{6} \times \frac{10!}{5! \times 5!}p$$

$$1-p=\frac{1}{5}p \qquad \therefore p=\frac{5}{6}$$

따라서 X는 이항분포 $B\left(10, \frac{5}{6}\right)$를 따르므로

$$E(X)=10 \times \frac{5}{6}=\frac{25}{3}$$

$$\begin{aligned} \therefore E(3X+10)&=3E(X)+10 \\ &=3 \times \frac{25}{3}+10 \\ &=35 \end{aligned}$$

답 35

16

흰 공의 개수를 x라 하면 주머니에서 한 개의 공을 꺼낼 때 흰 공이 나올 확률은 $\frac{x}{24}$이므로 확률변수 X는 이항분포 $B\left(36, \frac{x}{24}\right)$를 따른다.

이때 $E(X)=9$이므로

$$36 \times \frac{x}{24}=9 \qquad \therefore x=6$$

따라서 주머니에 들어 있는 흰 공의 개수는 6이다.

답 6

02 | 연속확률분포

 III 통계

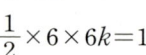 교과서 핵심 개념별 **대표 유형 익히기**　　본문 39~43쪽

개념 ① 연속확률변수와 확률밀도함수

개념 Check

1 (1) $\mathrm{P}\Big(0 \le X \le \dfrac{1}{2}\Big)$은 오른쪽 그림의 색칠한
부분의 넓이와 같으므로

$$\mathrm{P}\Big(0 \le X \le \dfrac{1}{2}\Big) = \dfrac{1}{2} \times \dfrac{1}{2} \times 1 = \dfrac{1}{4}$$

(2) $\mathrm{P}(X=0)=0$이므로

$$\mathrm{P}\Big(0 < X < \dfrac{1}{2}\Big) = \mathrm{P}\Big(0 \le X \le \dfrac{1}{2}\Big) = \dfrac{1}{4}$$

(3) $\mathrm{P}(X=1)=0$

답 (1) $\dfrac{1}{4}$　(2) $\dfrac{1}{4}$　(3) 0

유형 ①

(1) 확률밀도함수 $f(x)=kx\ (0 \le x \le 6)$에 대하여
$y=f(x)$의 그래프와 x축 및 두 직선
$x=0$, $x=6$으로 둘러싸인 부분의
넓이는 1이므로

$$\dfrac{1}{2} \times 6 \times 6k = 1$$

$$\therefore k = \dfrac{1}{18}$$

(2) $\mathrm{P}(1 \le X \le 2)$는 $y=f(x)$의 그
래프와 x축 및 두 직선 $x=1$,
$x=2$로 둘러싸인 부분의 넓이와
같으므로
$$\mathrm{P}(1 \le X \le 2)$$
$$= \dfrac{1}{2} \times \Big(\dfrac{1}{18} + \dfrac{1}{9}\Big) \times 1$$
$$= \dfrac{1}{12}$$

• 보충 설명

〈수학 II〉에서 다항함수의 적분법을 배운 경우 (2)에서
$$\mathrm{P}(1 \le X \le 2) = \int_1^2 \dfrac{1}{18} x \, dx = \Big[\dfrac{1}{36}x^2\Big]_1^2 = \dfrac{4}{36} - \dfrac{1}{36} = \dfrac{1}{12}$$
과 같이 계산할 수도 있다.　　**답** (1) $\dfrac{1}{18}$　(2) $\dfrac{1}{12}$

01-1

(1) 확률밀도함수 $y=f(x)$의 그래프와 x축으로 둘러싸인 부분의
넓이는 1이므로
$$\dfrac{1}{2} \times 4k \times \dfrac{k}{2} = 1$$
$$k^2 = 1 \qquad \therefore k = 1\ (\because k > 0)$$

(2) $k=1$이므로 $f(x) = \begin{cases} \dfrac{1}{2}x & (0 \le x < 1) \\ -\dfrac{1}{6}x + \dfrac{2}{3} & (1 \le x \le 4) \end{cases}$

$\mathrm{P}(2 \le X \le 3)$은 $y=f(x)$의 그래프와 x축 및 두 직선 $x=2$,
$x=3$으로 둘러싸인 부분의 넓이와 같으므로
$$\mathrm{P}(2 \le X \le 3) = \dfrac{1}{2} \times \Big(\dfrac{1}{3} + \dfrac{1}{6}\Big) \times 1 = \dfrac{1}{4}$$
답 (1) 1　(2) $\dfrac{1}{4}$

01-2

함수 $y=f(x)$의 그래프는 오른쪽 그림과 같
고, $\mathrm{P}(k \le X \le 1)$은 색칠한 부분의 넓이와
같으므로
$$\mathrm{P}(k \le X \le 1) = \dfrac{1}{2} \times (k+1)(1-k)$$
$$= \dfrac{1-k^2}{2}$$

이때 $\mathrm{P}(k \le X \le 1) = \dfrac{3}{8}$이므로 $\dfrac{1-k^2}{2} = \dfrac{3}{8}$

$1 - k^2 = \dfrac{3}{4}$, $k^2 = \dfrac{1}{4}$

$\therefore k = \dfrac{1}{2}\ (\because k > 0)$　　**답** ⑤

개념 ② 정규분포

개념 Check

1 정규분포를 따르는 확률변수 X에 대하여 $\mathrm{E}(X)=10$,
$\mathrm{V}(X)=9$일 때, X는 정규분포 $\mathrm{N}(\boxed{10},\ \boxed{3^2})$을 따른다고 한
다.　　**답** $10,\ 3^2$

2　　　　　　**답** $\mathrm{E}(X)=20,\ \mathrm{V}(X)=16$

유형 ②

③ 정규분포를 따르는 확률변수 X의 확률밀도함수 $f(x)$의 그래
프는 x축을 점근선으로 하므로 x축과 만나지 않는다.
따라서 옳지 않은 것은 ③이다.　　**답** ③

02-1

정규분포를 따르는 확률변수의 확률밀도함수의 그래프는 평균의
값이 클수록 대칭축이 오른쪽에 위치하므로
$m_1 < m_2$
정규분포를 따르는 확률변수의 확률밀도함수의 그래프는 표준편
차의 값이 클수록 곡선의 가운데 부분은 낮아지고 옆으로 퍼지므
로
$\sigma_1 < \sigma_2$　　**답** ③

개념 3 표준정규분포

유형 03

확률변수 X가 정규분포 $N(50, 4^2)$을 따르므로 $Z=\dfrac{X-50}{4}$으로 놓으면 Z는 표준정규분포 $N(0, 1)$을 따른다.

(1) $P(42 \le X \le 46) = P\left(\dfrac{42-50}{4} \le Z \le \dfrac{46-50}{4}\right)$
$\qquad = P(-2 \le Z \le -1)$
$\qquad = P(1 \le Z \le 2)$
$\qquad = P(0 \le Z \le 2) - P(0 \le Z \le 1)$
$\qquad = 0.4772 - 0.3413$
$\qquad = 0.1359$

(2) $P(X \le 44) = P\left(Z \le \dfrac{44-50}{4}\right)$
$\qquad = P(Z \le -1.5)$
$\qquad = 0.5 - P(-1.5 \le Z \le 0)$
$\qquad = 0.5 - P(0 \le Z \le 1.5)$
$\qquad = 0.5 - 0.4332$
$\qquad = 0.0668$

(3) $P(54 \le X \le 58) = P\left(\dfrac{54-50}{4} \le Z \le \dfrac{58-50}{4}\right)$
$\qquad = P(1 \le Z \le 2)$
$\qquad = P(0 \le Z \le 2) - P(0 \le Z \le 1)$
$\qquad = 0.4772 - 0.3413$
$\qquad = 0.1359$

(4) $P(48 \le X \le 56) = P\left(\dfrac{48-50}{4} \le Z \le \dfrac{56-50}{4}\right)$
$\qquad = P(-0.5 \le Z \le 1.5)$
$\qquad = P(-0.5 \le Z \le 0) + P(0 \le Z \le 1.5)$
$\qquad = P(0 \le Z \le 0.5) + P(0 \le Z \le 1.5)$
$\qquad = 0.1915 + 0.4332$
$\qquad = 0.6247$

답 (1) 0.1359 (2) 0.0668 (3) 0.1359 (4) 0.6247

03-1

확률변수 X가 정규분포 $N(4, 2^2)$을 따르므로 $Z=\dfrac{X-4}{2}$로 놓으면 Z는 표준정규분포 $N(0, 1)$을 따른다.

$P(|X| \le 2) = P(-2 \le X \le 2)$
$\qquad = P\left(\dfrac{-2-4}{2} \le Z \le \dfrac{2-4}{2}\right)$
$\qquad = P(-3 \le Z \le -1)$
$\qquad = P(1 \le Z \le 3)$
$\qquad = P(0 \le Z \le 3) - P(0 \le Z \le 1)$
$\qquad = 0.4987 - 0.3413$
$\qquad = 0.1574$

답 ④

유형 04

확률변수 X가 정규분포 $N(40, 3^2)$을 따르므로 $Z=\dfrac{X-40}{3}$으로 놓으면 Z는 표준정규분포 $N(0, 1)$을 따른다.

$P(37 \le X \le k) = 0.77$이므로

$P(37 \le X \le k) = P\left(\dfrac{37-40}{3} \le Z \le \dfrac{k-40}{3}\right)$
$\qquad = P\left(-1 \le Z \le \dfrac{k-40}{3}\right)$
$\qquad = P(-1 \le Z \le 0) + P\left(0 \le Z \le \dfrac{k-40}{3}\right)$
$\qquad = P(0 \le Z \le 1) + P\left(0 \le Z \le \dfrac{k-40}{3}\right)$
$\qquad = 0.34 + P\left(0 \le Z \le \dfrac{k-40}{3}\right)$
$\qquad = 0.77$

$\therefore P\left(0 \le Z \le \dfrac{k-40}{3}\right) = 0.43$

그런데 표준정규분포표에서 $P(0 \le Z \le 1.5) = 0.43$이므로

$\dfrac{k-40}{3} = 1.5$ $\quad \therefore k = 44.5$

답 ③

04-1

확률변수 X가 정규분포 $N(16, 3^2)$을 따르므로 $Z=\dfrac{X-16}{3}$으로 놓으면 Z는 표준정규분포 $N(0, 1)$을 따른다.

$P(X \le 3k+16) = 0.9772$이므로

$P(X \le 3k+16) = P\left(Z \le \dfrac{3k+16-16}{3}\right)$
$\qquad = P(Z \le k)$
$\qquad = 0.5 + P(0 \le Z \le k)$
$\qquad = 0.9772$

$\therefore P(0 \le Z \le k) = 0.4772$

그런데 표준정규분포표에서 $P(0 \le Z \le 2) = 0.4772$이므로

$k = 2$

답 ②

개념 4 정규분포와 표준정규분포의 활용

개념 Check

1 (1) $P(X \ge 170)$

(2) 확률변수 X는 정규분포 $N(162, 8^2)$을 따르므로

$P(X \ge 170) = P\left(Z \ge \dfrac{170-162}{8}\right)$
$\qquad = P(Z \ge 1)$

답 (1) $P(X \ge 170)$ (2) $P(Z \ge 1)$

유형 05

편의점에서 판매하는 커피 한 잔의 양을 X mL라 하면 확률변수 X는 정규분포 $N(200, 4^2)$을 따르므로 $Z=\dfrac{X-200}{4}$으로 놓으면 Z는 표준정규분포 $N(0, 1)$을 따른다.

따라서 커피 한 잔의 양이 206 mL 이상일 확률은

$P(X \ge 206) = P\left(Z \ge \dfrac{206-200}{4}\right)$
$\qquad = P(Z \ge 1.5)$
$\qquad = 0.5 - P(0 \le Z \le 1.5)$

$$=0.5-0.4332$$
$$=0.0668$$
답 ②

05-1

지난 일주일 동안 스마트폰을 사용한 시간을 X시간이라 하면 확률변수 X는 정규분포 $\mathrm{N}(12,\ 2^2)$을 따르므로 $Z=\dfrac{X-12}{2}$로 놓으면 Z는 표준정규분포 $\mathrm{N}(0,\ 1)$을 따른다.

따라서 이 학교 학생들 중 임의로 선택한 한 사람이 지난 일주일 동안 스마트폰을 사용한 시간이 11시간 이상 14시간 이하일 확률은

$$\begin{aligned}\mathrm{P}(11\leq X\leq 14)&=\mathrm{P}\!\left(\frac{11-12}{2}\leq Z\leq\frac{14-12}{2}\right)\\&=\mathrm{P}(-0.5\leq Z\leq 1)\\&=\mathrm{P}(-0.5\leq Z\leq 0)+\mathrm{P}(0\leq Z\leq 1)\\&=\mathrm{P}(0\leq Z\leq 0.5)+\mathrm{P}(0\leq Z\leq 1)\\&=0.1915+0.3413\\&=0.5328\end{aligned}$$
답 ①

05-2

공장에서 생산한 제품 1개의 무게를 $X\,\mathrm{g}$이라 하면 확률변수 X는 정규분포 $\mathrm{N}(80,\ 3^2)$을 따르므로 $Z=\dfrac{X-80}{3}$으로 놓으면 Z는 표준정규분포 $\mathrm{N}(0,\ 1)$을 따른다.

무게가 $77\,\mathrm{g}$ 이하이거나 $86\,\mathrm{g}$ 이상인 제품을 불량품으로 판정하므로 공장에서 생산된 제품 1개가 불량품으로 판정받을 확률은

$$\begin{aligned}&\mathrm{P}(X\leq 77\ \text{또는}\ X\geq 86)\\&=\mathrm{P}(X\leq 77)+\mathrm{P}(X\geq 86)\\&=\mathrm{P}\!\left(Z\leq\frac{77-80}{3}\right)+\mathrm{P}\!\left(Z\geq\frac{86-80}{3}\right)\\&=\mathrm{P}(Z\leq -1)+\mathrm{P}(Z\geq 2)\\&=\mathrm{P}(Z\geq 1)+\mathrm{P}(Z\geq 2)\\&=\{0.5-\mathrm{P}(0\leq Z\leq 1)\}+\{0.5-\mathrm{P}(0\leq Z\leq 2)\}\\&=(0.5-0.3413)+(0.5-0.4772)\\&=0.1587+0.0228\\&=0.1815\end{aligned}$$
답 ④

개념 5 이항분포와 정규분포 사이의 관계

개념 Check

1 한 개의 주사위를 18000번 던질 때, 1의 눈이 나오는 횟수를 확률변수 X라 하면 X는 이항분포 $\mathrm{B}\!\left(\boxed{18000},\ \boxed{\dfrac{1}{6}}\right)$을 따른다. 이때 $\mathrm{E}(X)=18000\times\dfrac{1}{6}=\boxed{3000}$,

$\mathrm{V}(X)=18000\times\dfrac{1}{6}\times\dfrac{5}{6}=\boxed{2500}$이고, 주사위를 던진 횟수 18000은 충분히 크므로 확률변수 X는 근사적으로 정규분포 $\mathrm{N}(\boxed{3000},\ \boxed{50}^2)$을 따른다.

답 18000, $\dfrac{1}{6}$, 3000, 2500, 3000, 50

유형 06

확률변수 X는 이항분포 $\mathrm{B}(100,\ 0.2)$를 따르므로

$\mathrm{E}(X)=100\times 0.2=20$

$\mathrm{V}(X)=100\times 0.2\times 0.8=16$

또한 100은 충분히 크므로 확률변수 X는 근사적으로 정규분포 $\mathrm{N}(20,\ 4^2)$을 따른다.

따라서 $Z=\dfrac{X-20}{4}$으로 놓으면 Z는 표준정규분포 $\mathrm{N}(0,\ 1)$을 따른다.

(1) $$\begin{aligned}\mathrm{P}(16\leq X\leq 28)&=\mathrm{P}\!\left(\frac{16-20}{4}\leq Z\leq\frac{28-20}{4}\right)\\&=\mathrm{P}(-1\leq Z\leq 2)\\&=\mathrm{P}(-1\leq Z\leq 0)+\mathrm{P}(0\leq Z\leq 2)\\&=\mathrm{P}(0\leq Z\leq 1)+\mathrm{P}(0\leq Z\leq 2)\\&=0.3413+0.4772\\&=0.8185\end{aligned}$$

(2) $$\begin{aligned}\mathrm{P}(12\leq X\leq 20)&=\mathrm{P}\!\left(\frac{12-20}{4}\leq Z\leq\frac{20-20}{4}\right)\\&=\mathrm{P}(-2\leq Z\leq 0)\\&=\mathrm{P}(0\leq Z\leq 2)\\&=0.4772\end{aligned}$$

(3) $$\begin{aligned}\mathrm{P}(X\geq 26)&=\mathrm{P}\!\left(Z\geq\frac{26-20}{4}\right)\\&=\mathrm{P}(Z\geq 1.5)\\&=0.5-\mathrm{P}(0\leq Z\leq 1.5)\\&=0.5-0.4332\\&=0.0668\end{aligned}$$

(4) $$\begin{aligned}\mathrm{P}(X\leq 24)&=\mathrm{P}\!\left(Z\leq\frac{24-20}{4}\right)\\&=\mathrm{P}(Z\leq 1)\\&=0.5+\mathrm{P}(0\leq Z\leq 1)\\&=0.5+0.3413\\&=0.8413\end{aligned}$$
답 (1) 0.8185 (2) 0.4772 (3) 0.0668 (4) 0.8413

06-1

확률변수 X가 이항분포 $\mathrm{B}\!\left(400,\ \dfrac{1}{5}\right)$을 따르므로

$\mathrm{E}(X)=400\times\dfrac{1}{5}=80$, $\mathrm{V}(X)=400\times\dfrac{1}{5}\times\dfrac{4}{5}=64$

또한 400은 충분히 크므로 확률변수 X는 근사적으로 정규분포 $\mathrm{N}(80,\ 8^2)$을 따른다.

따라서 $Z=\dfrac{X-80}{4}$으로 놓으면 Z는 표준정규분포 $\mathrm{N}(0,\ 1)$을 따른다.

(1) $$\begin{aligned}\mathrm{P}(X\leq 76)&=\mathrm{P}\!\left(Z\leq\frac{76-80}{8}\right)\\&=\mathrm{P}(Z\leq -0.5)\\&=\mathrm{P}(Z\geq 0.5)\\&=0.5-\mathrm{P}(0\leq Z\leq 0.5)\\&=0.5-0.1915\\&=0.3085\end{aligned}$$

(2) $P(X \geq 88) = P\left(Z \geq \dfrac{88-80}{8}\right)$

$\qquad = P(Z \geq 1)$

$\qquad = 0.5 - P(0 \leq Z \leq 1)$

$\qquad = 0.5 - 0.3413$

$\qquad = 0.1587$

(3) $P(72 \leq X \leq 92) = P\left(\dfrac{72-80}{8} \leq Z \leq \dfrac{92-80}{8}\right)$

$\qquad = P(-1 \leq Z \leq 1.5)$

$\qquad = P(-1 \leq Z \leq 0) + P(0 \leq Z \leq 1.5)$

$\qquad = P(0 \leq Z \leq 1) + P(0 \leq Z \leq 1.5)$

$\qquad = 0.3413 + 0.4332$

$\qquad = 0.7745$

(4) $P(84 \leq X \leq 96) = P\left(\dfrac{84-80}{8} \leq Z \leq \dfrac{96-80}{8}\right)$

$\qquad = P(0.5 \leq Z \leq 2)$

$\qquad = P(0 \leq Z \leq 2) - P(0 \leq Z \leq 0.5)$

$\qquad = 0.4772 - 0.1915$

$\qquad = 0.2857$

답 (1) 0.3085 (2) 0.1587 (3) 0.7745 (4) 0.2857

유형 07

동전 2개를 동시에 던져 두 동전 모두 앞면이 나올 확률은 $\dfrac{1}{4}$이므로 확률변수 X는 이항분포 $B\left(4800, \dfrac{1}{4}\right)$을 따르고

$E(X) = 4800 \times \dfrac{1}{4} = 1200,$

$V(X) = 4800 \times \dfrac{1}{4} \times \dfrac{3}{4} = 900$

또한 4800은 충분히 크므로 확률변수 X는 근사적으로 정규분포 $N(1200, 30^2)$을 따른다.

따라서 $Z = \dfrac{X-1200}{30}$으로 놓으면 Z는 표준정규분포 $N(0, 1)$을 따른다.

(1) $P(X \geq 1170) = P\left(Z \geq \dfrac{1170-1200}{30}\right)$

$\qquad = P(Z \geq -1)$

$\qquad = P(-1 \leq Z \leq 0) + P(Z \geq 0)$

$\qquad = P(0 \leq Z \leq 1) + 0.5$

$\qquad = 0.3413 + 0.5$

$\qquad = 0.8413$

(2) $P(1200 \leq X \leq k)$

$\qquad = P\left(\dfrac{1200-1200}{30} \leq Z \leq \dfrac{k-1200}{30}\right)$

$\qquad = P\left(0 \leq Z \leq \dfrac{k-1200}{30}\right)$

$\qquad \therefore P\left(0 \leq Z \leq \dfrac{k-1200}{30}\right) = 0.4772$

그런데 표준정규분포표에서 $P(0 \leq Z \leq 2) = 0.4772$이므로

$\dfrac{k-1200}{30} = 2$

$\therefore k = 1260$

답 (1) 0.8413 (2) 1260

07-1

발아율이 $\dfrac{9}{10}$인 씨앗 400개를 뿌렸으므로 발아한 씨앗의 개수를 확률변수 X라 하면 X는 이항분포 $B\left(400, \dfrac{9}{10}\right)$를 따르고

$E(X) = 400 \times \dfrac{9}{10} = 360,$

$V(X) = 400 \times \dfrac{9}{10} \times \dfrac{1}{10} = 36$

또한 400은 충분히 크므로 확률변수 X는 근사적으로 정규분포 $N(360, 6^2)$을 따른다.

따라서 $Z = \dfrac{X-360}{6}$으로 놓으면 Z는 표준정규분포 $N(0, 1)$을 따른다.

(1) 발아한 씨앗이 348개 이상 366개 이하일 확률은

$P(348 \leq X \leq 366) = P\left(\dfrac{348-360}{6} \leq Z \leq \dfrac{366-360}{6}\right)$

$\qquad = P(-2 \leq Z \leq 1)$

$\qquad = P(-2 \leq Z \leq 0) + P(0 \leq Z \leq 1)$

$\qquad = P(0 \leq Z \leq 2) + P(0 \leq Z \leq 1)$

$\qquad = 0.4772 + 0.3413$

$\qquad = 0.8185$

(2) 발아한 씨앗이 k개 이상일 확률이 0.3085이므로

$P(X \geq k) = P\left(Z \geq \dfrac{k-360}{6}\right)$

$\qquad = 0.5 - P\left(0 \leq Z \leq \dfrac{k-360}{6}\right)$

$\qquad = 0.3085$

$\therefore P\left(0 \leq Z \leq \dfrac{k-360}{6}\right) = 0.1915$

그런데 표준정규분포표에서 $P(0 \leq Z \leq 0.5) = 0.1915$이므로

$\dfrac{k-360}{6} = 0.5$

$\therefore k = 363$

답 (1) 0.8185 (2) 363

대표 유형 다지기

본문 44~45쪽

01 6	**02** ①	**03** ②	**04** ③	**05** ⑤
06 6915	**07** 31	**08** ②	**09** ④	**10** ②
11 ③	**12** ③	**13** 228	**14** ④	**15** ④
16 28				

01

함수 $f(x)$의 그래프와 x축으로 둘러싸인 부분의 넓이가 1이므로

$\dfrac{1}{2} \times 5 \times a = 1$ $\quad \therefore a = \dfrac{2}{5}$

$\therefore P(0 \leq X \leq 3) = \dfrac{1}{2} \times 3 \times \dfrac{2}{5} = \dfrac{3}{5}$

따라서 $p = \dfrac{3}{5}$이므로

$10p = 10 \times \dfrac{3}{5} = 6$

답 6

02

X의 확률밀도함수 $y=f(x)$의 그래프
가 오른쪽 그림과 같으므로
$P(1 \leq X \leq 3)$

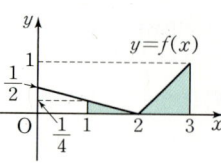

$=P(1 \leq X \leq 2)+P(2 \leq X \leq 3)$

$=\dfrac{1}{2} \times 1 \times \dfrac{1}{4}+\dfrac{1}{2} \times 1 \times 1$

$=\dfrac{1}{8}+\dfrac{1}{2}=\dfrac{5}{8}$

답 ①

03

정규분포 $N(m, \sigma^2)$을 따르는 확률변수 X에 대하여
$P(m-2\sigma \leq X \leq m+2\sigma)=0.9544$
이므로 오른쪽 그림의 X의 확률밀도함수의 그래프에서 색칠한 부
분의 넓이는 0.9544이다.

또한 X의 확률밀도함수의 그래프는 오
른쪽 그림과 같이 직선 $x=m$에 대하여
대칭이므로 $P(m \leq X \leq m+2\sigma)$는 색
칠한 부분의 넓이의 $\dfrac{1}{2}$이다.

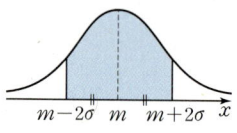

$\therefore P(m \leq X \leq m+2\sigma)=0.9544 \times \dfrac{1}{2}=0.4772$

답 ②

04

정규분포를 따르는 확률변수 X에 대하
여 $P(X \leq 20)=P(X \geq 40)$이므로 X
의 확률밀도함수의 그래프는 오른쪽 그
림과 같다.

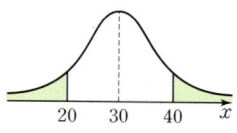

$\therefore E(X)=\dfrac{20+40}{2}=30$

보충 설명

정규분포 $N(m, \sigma^2)$을 따르는 확률변수 X의 확률밀도함수
$f(x)$의 그래프는 직선 $x=m$에 대하여 대칭이다.

답 ③

05

확률변수 X는 정규분포 $N(20, 3^2)$을 따르므로 $Z_X=\dfrac{X-20}{3}$으
로 놓으면 Z_X는 표준정규분포 $N(0, 1)$을 따른다.

$\therefore P(14 \leq X \leq 26)=P\left(\dfrac{14-20}{3} \leq Z_X \leq \dfrac{26-20}{3}\right)$

$=P(-2 \leq Z_X \leq 2)$

확률변수 Y는 정규분포 $N(15, 2^2)$을 따르므로 $Z_Y=\dfrac{Y-15}{2}$로
놓으면 Z_Y는 표준정규분포 $N(0, 1)$을 따른다.

$\therefore P(k \leq Y \leq 19)=P\left(\dfrac{k-15}{2} \leq Z_Y \leq \dfrac{19-15}{2}\right)$

$=P\left(\dfrac{k-15}{2} \leq Z_Y \leq 2\right)$

그런데 $P(14 \leq X \leq 26)=P(k \leq Y \leq 19)$이므로

$P(-2 \leq Z_X \leq 2)=P\left(\dfrac{k-15}{2} \leq Z_Y \leq 2\right)$

$-2=\dfrac{k-15}{2}$ $\therefore k=11$

답 ⑤

06

확률변수 X는 정규분포 $N(12, 4^2)$을 따르므로 $Z=\dfrac{X-12}{4}$로
놓으면 Z는 표준정규분포 $N(0, 1)$을 따른다.

$P(X \leq 14)=P\left(Z \leq \dfrac{14-12}{4}\right)=P(Z \leq 0.5)$

$=0.5+P(0 \leq Z \leq 0.5)$

$=0.5+0.1915$

$=0.6915$

$=\dfrac{a}{10000}$

$\therefore a=6915$

답 6915

07

확률변수 X는 정규분포 $N(40, 6^2)$을 따르므로 $Z=\dfrac{X-40}{6}$으로
놓으면 Z는 표준정규분포 $N(0, 1)$을 따른다.

$P(X \leq k)=0.0668$이므로

$P(X \leq k)=P\left(Z \leq \dfrac{k-40}{6}\right)$

$=P\left(Z \geq \dfrac{40-k}{6}\right)$

$=0.5-P\left(0 \leq Z \leq \dfrac{40-k}{6}\right)$

$=0.0668$

$\therefore P\left(0 \leq Z \leq \dfrac{40-k}{6}\right)=0.4332$

그런데 표준정규분포표에서 $P(0 \leq Z \leq 1.5)=0.4332$이므로

$\dfrac{40-k}{6}=1.5$ $\therefore k=31$

보충 설명

정규분포 $N(40, 6^2)$을 따르는 확률변수 X에 대하여
$P(X \leq 40)=0.5$이므로 $P(X \leq k)=0.0668$을 만족시키는 k의
값은 40보다 작다는 것을 알 수 있다.

따라서 $\dfrac{k-40}{6}$의 값은 0보다 작다.

답 31

08

확률변수 X는 정규분포 $N(100, \sigma^2)$ $(\sigma>0)$을 따르므로
$Z=\dfrac{X-100}{\sigma}$으로 놓으면 Z는 표준정규분포 $N(0, 1)$을 따른다.

$P(X \leq 88)=0.0228$이므로

$P(X \leq 88)=P\left(Z \leq \dfrac{88-100}{\sigma}\right)=P\left(Z \leq -\dfrac{12}{\sigma}\right)$

$=P\left(Z \geq \dfrac{12}{\sigma}\right) (\because \sigma>0)$

$=0.5-P\left(0 \leq Z \leq \dfrac{12}{\sigma}\right)$

$=0.0228$

$\therefore P\left(0 \leq Z \leq \dfrac{12}{\sigma}\right)=0.4772$

그런데 표준정규분포표에서 $P(0 \leq Z \leq 2)=0.4772$이므로

$\dfrac{12}{\sigma}=2$ $\therefore \sigma=6$

답 ②

09

정규분포를 따르는 확률변수 X의 확률 밀도함수의 그래프는 직선 $x=0$에 대하여 대칭이므로 $\mathrm{P}(a-3 \le X \le a+2)$가 최대이려면 $a-3$과 $a+2$의 평균이 0이어야 한다.

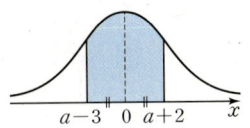

따라서 $\dfrac{a-3+a+2}{2}=0$이므로 $a=\dfrac{1}{2}$　　　　🔲 ④

10

바람막이의 무게를 X g이라 하면 확률변수 X는 정규분포 $\mathrm{N}(160,\ 6^2)$을 따른다.

이때, $Z=\dfrac{X-160}{6}$으로 놓으면 Z는 표준정규분포 $\mathrm{N}(0,\ 1)$을 따른다.

$$\begin{aligned}\therefore \mathrm{P}(154 \le X \le 163) &= \mathrm{P}\left(\frac{154-160}{6} \le Z \le \frac{163-160}{6}\right)\\ &= \mathrm{P}(-1 \le Z \le 0.5)\\ &= \mathrm{P}(-1 \le Z \le 0)+\mathrm{P}(0 \le Z \le 0.5)\\ &= \mathrm{P}(0 \le Z \le 1)+\mathrm{P}(0 \le Z \le 0.5)\\ &= 0.3413+0.1915\\ &= 0.5328\end{aligned}$$
🔲 ②

11

음악 수행평가 점수를 X점이라 하면 확률변수 X는 정규분포 $\mathrm{N}(28,\ 4^2)$을 따른다.

이때, $Z=\dfrac{X-28}{4}$로 놓으면 Z는 표준정규분포 $\mathrm{N}(0,\ 1)$을 따르므로

$$\begin{aligned}\mathrm{P}(24 \le X \le 36) &= \mathrm{P}\left(\frac{24-28}{4} \le Z \le \frac{36-28}{4}\right)\\ &= \mathrm{P}(-1 \le Z \le 2)\\ &= \mathrm{P}(-1 \le Z \le 0)+\mathrm{P}(0 \le Z \le 2)\\ &= \mathrm{P}(0 \le Z \le 1)+\mathrm{P}(0 \le Z \le 2)\\ &= 0.34+0.48\\ &= 0.82\end{aligned}$$

따라서 전체 400명 중 음악 수행평가 점수가 24점 이상 36점 이하인 학생 수는

$400 \times 0.82=328$(명)　　　　🔲 ③

12

응시자의 성적을 X점이라 하면 확률변수 X는 정규분포 $\mathrm{N}(160,\ 10^2)$을 따른다.

응시자 2000명 중에서 50등 이내에 들어야 합격이므로 합격자의 최저 점수를 k점이라 하면

$$\mathrm{P}(X \ge k)=\frac{50}{2000}=0.025 \qquad \cdots\cdots ㉠$$

$Z=\dfrac{X-160}{10}$으로 놓으면 Z는 표준정규분포 $\mathrm{N}(0,\ 1)$을 따르므로 ㉠에서

$$\begin{aligned}\mathrm{P}(X \ge k) &= \mathrm{P}\left(Z \ge \frac{k-160}{10}\right)\\ &= 0.5-\mathrm{P}\left(0 \le Z \le \frac{k-160}{10}\right)\\ &= 0.025\end{aligned}$$

$$\therefore \mathrm{P}\left(0 \le Z \le \frac{k-160}{10}\right)=0.475$$

그런데 $\mathrm{P}(0 \le Z \le 1.96)=0.475$이므로

$$\frac{k-160}{10}=1.96 \qquad \therefore k=179.6$$

따라서 합격하기 위한 점수의 최솟값은 179.6점이다.　　　　🔲 ③

13

확률변수 X는 이항분포 $\mathrm{B}\left(400,\ \dfrac{1}{5}\right)$을 따르므로

$$\mathrm{E}(X)=400 \times \frac{1}{5}=80,$$

$$\mathrm{V}(X)=400 \times \frac{1}{5} \times \frac{4}{5}=64$$

또한 400은 충분히 크므로 확률변수 X는 근사적으로 정규분포 $\mathrm{N}(80,\ 8^2)$을 따른다.

따라서 $Z=\dfrac{X-80}{8}$으로 놓으면 Z는 표준정규분포 $\mathrm{N}(0,\ 1)$을 따르므로

$$\begin{aligned}\mathrm{P}(X \ge 96) &= \mathrm{P}\left(Z \ge \frac{96-80}{8}\right)\\ &= \mathrm{P}(Z \ge 2)\\ &= 0.5-\mathrm{P}(0 \le Z \le 2)\\ &= 0.5-0.4772\\ &= 0.0228\\ &= \frac{p}{10000}\end{aligned}$$

$$\therefore p=228 \qquad\qquad 🔲 \ 228$$

14

확률변수 X는 이항분포 $\mathrm{B}\left(n,\ \dfrac{1}{4}\right)$을 따르므로

$$\mathrm{E}(X)=\frac{n}{4},\ \mathrm{V}(X)=n \times \frac{1}{4} \times \frac{3}{4}=9$$

$\dfrac{3n}{16}=9$에서 $n=48$

따라서 X는 이항분포 $\mathrm{B}\left(48,\ \dfrac{1}{4}\right)$을 따르므로

$$\mathrm{E}(X)=12,\ \sigma(X)=3$$

이때, 48은 충분히 큰 수이므로 확률변수 X는 근사적으로 정규분포 $\mathrm{N}(12,\ 3^2)$을 따르고, $Z=\dfrac{X-12}{3}$로 놓으면 Z는 표준정규분포 $\mathrm{N}(0,\ 1)$을 따른다.

$$\begin{aligned}\therefore \mathrm{P}(X \le 18) &= \mathrm{P}\left(Z \le \frac{18-12}{3}\right)\\ &= \mathrm{P}(Z \le 2)\\ &= 0.5+\mathrm{P}(0 \le Z \le 2)\\ &= 0.5+0.4772\\ &= 0.9772\end{aligned}$$
🔲 ④

15

양궁 선수가 10점 과녁을 맞히는 횟수를 X라 하면 확률변수 X는

이항분포 $B\left(48, \dfrac{3}{4}\right)$을 따르므로

$E(X)=48\times\dfrac{3}{4}=36,$

$V(X)=48\times\dfrac{3}{4}\times\dfrac{1}{4}=9$

또한 48은 충분히 크므로 확률변수 X는 근사적으로 정규분포 $N(36, 3^2)$을 따른다.

따라서 $Z=\dfrac{X-36}{3}$으로 놓으면 Z는 표준정규분포 $N(0, 1)$을 따르므로

$\begin{aligned} P(X\geq39)&=P\left(Z\geq\dfrac{39-36}{3}\right)\\ &=P(Z\geq1)\\ &=0.5-P(0\leq Z\leq1)\\ &=0.5-0.3413\\ &=0.1587 \end{aligned}$

답 ④

16

스트라이크를 던진 개수를 X라 하면 확률변수 X는 이항분포

$B\left(100, \dfrac{1}{5}\right)$을 따르므로

$E(X)=100\times\dfrac{1}{5}=20,$

$V(X)=100\times\dfrac{1}{5}\times\dfrac{4}{5}=16$

또한 100은 충분히 크므로 확률변수 X는 근사적으로 정규분포 $N(20, 4^2)$을 따른다.

이때 $Z=\dfrac{X-20}{4}$으로 놓으면 Z는 표준정규분포 $N(0, 1)$을 따르므로 $P(X\geq a)=0.02$에서

$\begin{aligned} P(X\geq a)&=P\left(Z\geq\dfrac{a-20}{4}\right)\\ &=0.5-P\left(0\leq Z\leq\dfrac{a-20}{4}\right)\\ &=0.02 \end{aligned}$

$\therefore P\left(0\leq Z\leq\dfrac{a-20}{4}\right)=0.48$

그런데 표준정규분포표에서 $P(0\leq Z\leq2)=0.48$이므로

$\dfrac{a-20}{4}=2 \qquad \therefore a=28$

답 28

---

03 | 통계적 추정

교과서 핵심 개념별 대표 유형 익히기 본문 46~49쪽

개념 ① 모평균과 표본평균

개념 Check

1 $\overline{X}=1$이려면 두 번 모두 1이 나와야 하므로

$P(\overline{X}=1)=\dfrac{1}{3}\times\dfrac{1}{3}=\dfrac{1}{9}$

$\overline{X}=2$이려면 두 번 모두 2가 나오거나 1, 3이 한 번씩 나와야 하므로

$P(\overline{X}=2)=\dfrac{1}{3}\times\dfrac{1}{3}+2\times\dfrac{1}{3}\times\dfrac{1}{3}=\dfrac{1}{3}$

$\overline{X}=\dfrac{5}{2}$이려면 2, 3이 한 번씩 나와야 하므로

$P\left(\overline{X}=\dfrac{5}{2}\right)=2\times\dfrac{1}{3}\times\dfrac{1}{3}=\dfrac{2}{9}$

따라서 $\overline{X}$의 확률분포를 표로 나타내면 다음과 같다.

$\overline{X}$	1	$\dfrac{3}{2}$	2	$\dfrac{5}{2}$	3	합계
$P(\overline{X}=\overline{x})$	$\dfrac{1}{9}$	$\dfrac{2}{9}$	$\dfrac{1}{3}$	$\dfrac{2}{9}$	$\dfrac{1}{9}$	1

답 $\dfrac{1}{9}, \dfrac{1}{3}, \dfrac{2}{9}$

유형 01

첫 번째 나온 눈의 수를 X_1, 두 번째 나온 눈의 수를 X_2라 하면

$\overline{X}=\dfrac{X_1+X_2}{2}$

$\overline{X}=3$, 즉 $X_1+X_2=6$을 만족시키는 X_1, X_2의 순서쌍

(X_1, X_2)는 $(1, 5), (2, 4), (3, 3), (4, 2), (5, 1)$이므로

$P(\overline{X}=3)=\dfrac{5}{36}$

답 ②

01-1

첫 번째 꺼낸 공에 적힌 수를 X_1, 두 번째 꺼낸 공에 적힌 수를 X_2라 하면

$\overline{X}=\dfrac{X_1+X_2}{2}$

$\therefore \overline{X}=-1$ 또는 $-\dfrac{1}{2}$ 또는 0 또는 $\dfrac{1}{2}$ 또는 1

X_1＼X_2	-1	0	1
-1	-1	$-\dfrac{1}{2}$	0
0	$-\dfrac{1}{2}$	0	$\dfrac{1}{2}$
1	0	$\dfrac{1}{2}$	1

이때, -1은 1개, 0은 2개 1은 3개 있으므로

$P(\overline{X}=-1)=\dfrac{1}{6}\times\dfrac{1}{6}=\dfrac{1}{36}$

$P\left(\overline{X}=-\dfrac{1}{2}\right)=2\times\dfrac{1}{6}\times\dfrac{1}{3}=\dfrac{1}{9}$

$P(\overline{X}=0)=\dfrac{1}{3}\times\dfrac{1}{3}+2\times\dfrac{1}{6}\times\dfrac{1}{2}=\dfrac{5}{18}$

$$P\left(\overline{X}=\frac{1}{2}\right)=2\times\frac{1}{3}\times\frac{1}{2}=\frac{1}{3}$$

$$P(\overline{X}=1)=\frac{1}{2}\times\frac{1}{2}=\frac{1}{4}$$

따라서 $P(\overline{X}=a)=\frac{5}{18}$를 만족시키는 상수 a의 값은

$a=0$

답 ③

01-2

첫 번째 뽑은 수를 X_1, 두 번째 뽑은 수를 X_2라 하면

$$\overline{X}=\frac{X_1+X_2}{2}$$

이때, $\overline{X}=1$인 경우는 $X_1=X_2=1$인 경우뿐이므로

X_1 \\ X_2	1	2	3
1	1	1.5	2
2	1.5	2	2.5
3	2	2.5	3

$$P(\overline{X}>1)=1-P(\overline{X}=1)=1-\frac{1}{3}\times\frac{1}{3}=\frac{8}{9}$$

답 ②

개념 ② 표본평균의 분포

유형 02

확률의 총합은 1이므로

$$\frac{1}{4}+\frac{1}{3}+a=1 \qquad \therefore a=\frac{5}{12}$$

$$\therefore E(X)=(-2)\times\frac{1}{4}+0\times\frac{1}{3}+2\times\frac{5}{12}=\frac{1}{3}$$

따라서 표본평균 $\overline{X}$에 대하여

$$E(\overline{X})=E(X)=\frac{1}{3}$$

답 $\frac{1}{3}$

02-1

주머니에서 임의로 1개의 공을 꺼낼 때, 꺼낸 공에 적힌 수를 확률변수 X라 하고, X의 확률분포를 표로 나타내면 다음과 같다.

X	1	2	3	4	5	6	합계
$P(X=x)$	$\frac{1}{6}$	$\frac{1}{6}$	$\frac{1}{6}$	$\frac{1}{6}$	$\frac{1}{6}$	$\frac{1}{6}$	1

$$\therefore E(X)=1\times\frac{1}{6}+2\times\frac{1}{6}+3\times\frac{1}{6}+4\times\frac{1}{6}+5\times\frac{1}{6}+6\times\frac{1}{6}=\frac{7}{2}$$

$$V(X)=1^2\times\frac{1}{6}+2^2\times\frac{1}{6}+3^2\times\frac{1}{6}+4^2\times\frac{1}{6}+5^2\times\frac{1}{6}+6^2\times\frac{1}{6}$$
$$-\left(\frac{7}{2}\right)^2$$
$$=\frac{35}{12}$$

이때, 표본의 크기가 2이므로

$$E(\overline{X})=E(X)=\frac{7}{2},\ V(\overline{X})=\frac{V(X)}{2}=\frac{\frac{35}{12}}{2}=\frac{35}{24}$$

답 $E(\overline{X})=\frac{7}{2},\ V(\overline{X})=\frac{35}{24}$

유형 03

모집단이 정규분포 $N(30,\ 10^2)$을 따르고, 표본의 크기가 25이므로 표본평균 $\overline{X}$는 정규분포 $N(30,\ 2^2)$을 따른다.

따라서 $Z=\dfrac{\overline{X}-30}{2}$으로 놓으면 Z는 표준정규분포 $N(0,\ 1)$을 따르므로

$$P(\overline{X}\geq28)=P\left(Z\geq\frac{28-30}{2}\right)$$
$$=P(Z\geq-1)$$
$$=P(-1\leq Z\leq0)+P(Z\geq0)$$
$$=P(0\leq Z\leq1)+0.5$$
$$=0.3413+0.5$$
$$=0.8413$$

・보충 설명

모집단의 확률변수 X에 대하여 $E(X)=30$, $V(X)=10^2$이고, 표본의 크기가 25이므로 표본평균 $\overline{X}$에 대하여 $E(\overline{X})=30$,

$$V(\overline{X})=\frac{10^2}{25}=2^2$$이다.

답 ③

03-1

전구의 수명 시간 X는 정규분포 $N(2000,\ 250^2)$을 따르고, 표본의 크기가 100이므로 표본평균 $\overline{X}$는 정규분포 $N(2000,\ 25^2)$을 따른다.

따라서 $Z=\dfrac{\overline{X}-2000}{25}$으로 놓으면 Z는 표준정규분포 $N(0,\ 1)$을 따르므로 표본평균 $\overline{X}$가 1975시간 이상 2050시간 이하일 확률은

$$P(1975\leq\overline{X}\leq2050)$$
$$=P\left(\frac{1975-2000}{25}\leq Z\leq\frac{2050-2000}{25}\right)$$
$$=P(-1\leq Z\leq2)$$
$$=P(-1\leq Z\leq0)+P(0\leq Z\leq2)$$
$$=P(0\leq Z\leq1)+P(0\leq Z\leq2)$$
$$=0.3413+0.4772$$
$$=0.8185$$

답 0.8185

03-2

모집단이 정규분포 $N(50,\ 6^2)$을 따르고 표본의 크기가 n이므로 표본평균 $\overline{X}$는 정규분포 $N\left(50,\ \dfrac{6^2}{n}\right)$, 즉 $N\left(50,\ \left(\dfrac{6}{\sqrt{n}}\right)^2\right)$을 따른다.

따라서 $Z=\dfrac{\overline{X}-50}{\dfrac{6}{\sqrt{n}}}$으로 놓으면 Z는 표준정규분포 $N(0,\ 1)$을 따르므로

$$P(\overline{X}\geq53)=P\left(Z\geq\frac{53-50}{\dfrac{6}{\sqrt{n}}}\right)=P\left(Z\geq\frac{\sqrt{n}}{2}\right)$$
$$=P(Z\geq0)-P\left(0\leq Z\leq\frac{\sqrt{n}}{2}\right)$$
$$=0.5-P\left(0\leq Z\leq\frac{\sqrt{n}}{2}\right)$$
$$=0.0668$$

$$\therefore P\left(0\leq Z\leq\frac{\sqrt{n}}{2}\right)=0.4332$$

그런데 $P(0\leq Z\leq1.5)=0.4332$이므로

$$\frac{\sqrt{n}}{2}=1.5 \qquad \therefore n=9$$

답 ②

개념 ③ 모평균의 추정

유형 ④

표본의 크기 $n=16$, 표본평균 $\bar{x}=305$, 모표준편차 $\sigma=5$이므로

(1) 모평균 m의 신뢰도 95 %의 신뢰구간

$$\bar{x}-1.96\frac{\sigma}{\sqrt{n}}\le m\le\bar{x}+1.96\frac{\sigma}{\sqrt{n}}$$에서

$$305-1.96\times\frac{5}{\sqrt{16}}\le m\le 305+1.96\times\frac{5}{\sqrt{16}}$$

$$\therefore 302.55\le m\le 307.45$$

(2) 모평균 m의 신뢰도 99 %의 신뢰구간

$$\bar{x}-2.58\frac{\sigma}{\sqrt{n}}\le m\le\bar{x}+2.58\frac{\sigma}{\sqrt{n}}$$에서

$$305-2.58\times\frac{5}{\sqrt{16}}\le m\le 305+2.58\times\frac{5}{\sqrt{16}}$$

$$\therefore 301.775\le m\le 308.225$$

답 (1) $302.55\le m\le 307.45$ (2) $301.775\le m\le 308.225$

04-1

표본의 크기 $n=64$, 표본평균 $\bar{x}=60$, 모표준편차 $\sigma=20$이므로

(1) 모평균 m의 신뢰도 95 %의 신뢰구간

$$\bar{x}-1.96\frac{\sigma}{\sqrt{n}}\le m\le\bar{x}+1.96\frac{\sigma}{\sqrt{n}}$$에서

$$60-1.96\times\frac{20}{\sqrt{64}}\le m\le 60+1.96\times\frac{20}{\sqrt{64}}$$

$$\therefore 55.1\le m\le 64.9$$

(2) 모평균 m의 신뢰도 99 %의 신뢰구간

$$\bar{x}-2.58\frac{\sigma}{\sqrt{n}}\le m\le\bar{x}+2.58\frac{\sigma}{\sqrt{n}}$$에서

$$60-2.58\times\frac{20}{\sqrt{64}}\le m\le 60+2.58\times\frac{20}{\sqrt{64}}$$

$$\therefore 53.55\le m\le 66.45$$

답 (1) $55.1\le m\le 64.9$ (2) $53.55\le m\le 66.45$

04-2

표본의 크기는 n, 표본평균 $\bar{x}=280$, 모표준편차 $\sigma=4$이므로 모평균 m의 신뢰도 95 %의 신뢰구간

$$\bar{x}-1.96\frac{\sigma}{\sqrt{n}}\le m\le\bar{x}+1.96\frac{\sigma}{\sqrt{n}}$$에서

$$280-1.96\times\frac{4}{\sqrt{n}}\le m\le 280+1.96\times\frac{4}{\sqrt{n}}$$

이때 $279.02\le m\le 280.98$이므로

$$1.96\times\frac{4}{\sqrt{n}}=0.98,\ \sqrt{n}=8$$

$$\therefore n=64$$

답 ③

개념 ④ 신뢰구간의 길이

유형 ⑤

표본의 크기 $n=900$, 모표준편차 $\sigma=9$이므로

(1) 모평균 m의 신뢰도 95 %의 신뢰구간의 길이는

$$2\times1.96\frac{\sigma}{\sqrt{n}}=2\times1.96\times\frac{9}{\sqrt{900}}=1.176$$

(2) 모평균 m의 신뢰도 99 %의 신뢰구간의 길이는

$$2\times2.58\frac{\sigma}{\sqrt{n}}=2\times2.58\times\frac{9}{\sqrt{900}}=1.548$$

답 (1) 1.176 (2) 1.548

05-1

표본의 크기 $n=100$, 모표준편차 $\sigma=10$이므로 햄버거의 무게의 평균을 m이라 하면 모평균 m의 신뢰도 95 %의 신뢰구간의 길이는

$$l=2\times1.96\frac{\sigma}{\sqrt{n}}=2\times1.96\times\frac{10}{\sqrt{100}}=3.92$$

$$\therefore 100l=392$$

답 392

05-2

동일한 신뢰도 α %에 대하여 $\mathrm{P}(|Z|\le k)=\dfrac{\alpha}{100}$라 하면 각각의 신뢰구간의 길이는 다음과 같다.

① $2\times k\times\dfrac{12}{\sqrt{16}}=6k$

② $2\times k\times\dfrac{16}{\sqrt{16}}=8k$

③ $2\times k\times\dfrac{12}{\sqrt{25}}=\dfrac{24}{5}k$

④ $2\times k\times\dfrac{16}{\sqrt{25}}=\dfrac{32}{5}k$

⑤ $2\times k\times\dfrac{16}{\sqrt{36}}=\dfrac{16}{3}k$

따라서 신뢰구간의 길이가 가장 긴 것은 ②이다.

답 ②

05-3

표본의 크기는 n, 모표준편차 $\sigma=5$이므로 모평균 m의 신뢰도 99 %의 신뢰구간의 길이는

$$2\times2.58\times\frac{5}{\sqrt{n}}=\frac{25.8}{\sqrt{n}}$$

신뢰구간의 길이가 3 이하가 되려면

$$\frac{25.8}{\sqrt{n}}\le3,\ \sqrt{n}\ge8.6\quad\therefore n\ge73.96$$

따라서 자연수 n의 최솟값은 74이다.

답 ①

대표 유형 다지기 본문 50~51쪽

01 ⑤	02 ④	03 ④	04 6	05 28
06 ②	07 36	08 25	09 ③	10 ①
11 $6.871\le m\le7.129$	12 100	13 3	14 ③
15 86			

01

모표준편차가 6이므로 모분산은 $6^2=36$

표본의 크기가 n이므로 표본평균 $\bar{X}$에 대하여

$$\mathrm{V}(\bar{X})=\frac{36}{n}=2\quad\therefore n=18$$

답 ⑤

02

모집단이 정규분포 $N(m, \sigma^2)$을 따르고 표본의 크기가 100이므로 표본평균 $\overline{X}$는 정규분포 $N\left(m, \dfrac{\sigma^2}{100}\right)$을 따른다.

$\therefore m=7, \dfrac{\sigma^2}{100}=9$

이때 $\sigma^2=900$에서 $\sigma=30$이므로

$m+\sigma=7+30=37$　　　　　　　　　　　답 ④

03

모집단이 정규분포 $N(5, 6^2)$을 따르고 표본의 크기가 12이므로 표본평균 $\overline{X}$에 대하여

$E(\overline{X})=5, V(\overline{X})=\dfrac{6^2}{12}=3$

따라서 $V(\overline{X})=E(\overline{X}^2)-\{E(\overline{X})\}^2$에서

$E(\overline{X}^2)=V(\overline{X})+\{E(\overline{X})\}^2=3+25=28$　　답 ④

04

주머니에서 임의로 1장의 카드를 꺼낼 때, 카드에 적힌 수를 확률변수 X라 하면 X의 확률분포는 다음 표와 같다.

X	1	2	3	4	5	합계
$P(X=x)$	$\dfrac{1}{5}$	$\dfrac{1}{5}$	$\dfrac{1}{5}$	$\dfrac{1}{5}$	$\dfrac{1}{5}$	1

$E(X)=1\times\dfrac{1}{5}+2\times\dfrac{1}{5}+3\times\dfrac{1}{5}+4\times\dfrac{1}{5}+5\times\dfrac{1}{5}=3$

$V(X)=1^2\times\dfrac{1}{5}+2^2\times\dfrac{1}{5}+3^2\times\dfrac{1}{5}+4^2\times\dfrac{1}{5}+5^2\times\dfrac{1}{5}-3^2=2$

이때, 표본의 크기가 4이므로 표본평균 $\overline{X}$에 대하여

$E(\overline{X})=E(X)=3 \quad \therefore a=3$

$V(\overline{X})=\dfrac{V(X)}{4}=\dfrac{2}{4}=\dfrac{1}{2} \qquad \therefore b=\dfrac{1}{2}$

$\therefore \dfrac{b}{a}=\dfrac{3}{\dfrac{1}{2}}=6$　　　　　　　　　　　　답 6

05

모집단이 정규분포 $N(m, \sigma^2)$을 따르므로 $Z_X=\dfrac{X-m}{\sigma}$으로 놓으면 Z_X는 표준정규분포 $N(0, 1)$을 따른다.

$\therefore P(X\leq 4)=P\left(Z_X\leq\dfrac{4-m}{\sigma}\right)$

모집단이 정규분포 $N(m, \sigma^2)$을 따르고 표본의 크기가 64이므로 표본평균 $\overline{X}$는 정규분포 $N\left(m, \dfrac{\sigma^2}{64}\right)$을 따르며 $Z_{\overline{X}}=\dfrac{\overline{X}-m}{\dfrac{\sigma}{8}}$으로

놓으면 $Z_{\overline{X}}$는 표준정규분포 $N(0, 1)$을 따른다.

$\therefore P(\overline{X}\geq 31)=P\left(Z_{\overline{X}}\geq\dfrac{31-m}{\dfrac{\sigma}{8}}\right)$

$\qquad\qquad\quad =P\left(Z_{\overline{X}}\geq\dfrac{8(31-m)}{\sigma}\right)$

$P(X\leq 4)=P(\overline{X}\geq 31)$에서

$P\left(Z_X\leq\dfrac{4-m}{\sigma}\right)=P\left(Z_{\overline{X}}\geq\dfrac{8(31-m)}{\sigma}\right)$이므로

$\dfrac{4-m}{\sigma}=-\dfrac{8(31-m)}{\sigma}$

$4-m=-248+8m, \ 9m=252$

$\therefore m=28$　　　　　　　　　　　　　답 28

06

작업자 한 명이 기계 한 대를 조립하는 데 걸리는 시간을 X분이라 하면 확률변수 X는 정규분포 $N(40, 8^2)$을 따르고, 표본의 크기가 64이므로 표본평균을 $\overline{X}$라 하면 $\overline{X}$는 정규분포 $N\left(40, \dfrac{8^2}{64}\right)$,

즉 $N(40, 1^2)$을 따른다.

따라서 $Z=\dfrac{\overline{X}-40}{1}$으로 놓으면 Z는 표준정규분포 $N(0, 1)$을

따르므로

$\begin{aligned}P(\overline{X}\leq 38)&=P\left(Z\leq\dfrac{38-40}{1}\right)\\&=P(Z\leq -2)\\&=P(Z\geq 2)\\&=0.5-P(0\leq Z\leq 2)\\&=0.5-0.48\\&=0.02\end{aligned}$　　　　　답 ②

07

모집단이 정규분포 $N(20, 12^2)$을 따르고, 표본의 크기가 n이므로 표본평균 $\overline{X}$는 정규분포 $N\left(20, \dfrac{12^2}{n}\right)$, 즉 $N\left(20, \left(\dfrac{12}{\sqrt{n}}\right)^2\right)$을 따른다.

따라서 $Z=\dfrac{\overline{X}-20}{\dfrac{12}{\sqrt{n}}}$으로 놓으면 Z는 표준정규분포 $N(0, 1)$을

따르므로

$\begin{aligned}P(20\leq\overline{X}\leq 23)&=P\left(\dfrac{20-20}{\dfrac{12}{\sqrt{n}}}\leq Z\leq\dfrac{23-20}{\dfrac{12}{\sqrt{n}}}\right)\\&=P\left(0\leq Z\leq\dfrac{\sqrt{n}}{4}\right)\end{aligned}$

즉, $P\left(0\leq Z\leq\dfrac{\sqrt{n}}{4}\right)=0.43$이고 표준정규분포표에서

$P(0\leq Z\leq 1.5)=0.43$이므로

$\dfrac{\sqrt{n}}{4}=1.5, \ \sqrt{n}=6 \qquad \therefore n=36$　　답 36

08

모집단이 정규분포 $N(m, 5^2)$을 따르고, 표본의 크기가 n이므로 표본평균 $\overline{X}$는 정규분포 $N\left(m, \dfrac{5^2}{n}\right)$, 즉 $N\left(m, \left(\dfrac{5}{\sqrt{n}}\right)^2\right)$을 따른다.

$Z=\dfrac{\overline{X}-m}{\dfrac{5}{\sqrt{n}}}$으로 놓으면 Z는 표준정규분포 $N(0, 1)$을 따르므로

$P(0\leq\overline{X}-m\leq 1.96)=0.475$에서

$\begin{aligned}P(0\leq\overline{X}-m\leq 1.96)&=P\left(\dfrac{0}{\dfrac{5}{\sqrt{n}}}\leq\dfrac{\overline{X}-m}{\dfrac{5}{\sqrt{n}}}\leq\dfrac{1.96}{\dfrac{5}{\sqrt{n}}}\right)\\&=P(0\leq Z\leq 0.392\times\sqrt{n})\\&=0.475\end{aligned}$

그런데 $P(0 \le Z \le 1.96) = 0.475$이므로
$0.392 \times \sqrt{n} = 1.96$, $\sqrt{n} = 5$
$\therefore n = 25$

답 25

09

모집단이 정규분포 $N(m, 5^2)$을 따르고 표본의 크기가 n이므로 표본평균 $\overline{X}$는 정규분포 $N\left(m, \dfrac{5^2}{n}\right)$, 즉 $N\left(m, \left(\dfrac{5}{\sqrt{n}}\right)^2\right)$을 따른다.

$Z = \dfrac{X - m}{\dfrac{5}{\sqrt{n}}}$으로 놓으면 Z는 표준정규분포 $N(0, 1)$을 따르므로

$P\left(|\overline{X} - m| \le \dfrac{1}{2}\right) \ge 0.95$에서

$P\left(\left|\dfrac{\overline{X} - m}{\dfrac{5}{\sqrt{n}}}\right| \le \dfrac{\dfrac{1}{2}}{\dfrac{5}{\sqrt{n}}}\right) \ge 0.95$

즉, $P\left(|Z| \le \dfrac{\sqrt{n}}{10}\right) \ge 0.95$이고 $P(|Z| \le 1.96) = 0.95$이므로

$\dfrac{\sqrt{n}}{10} \ge 1.96$, $\sqrt{n} \ge 19.6$

$\therefore n \ge 384.16$

따라서 자연수 n의 최솟값은 385이다.

답 ③

10

표본의 크기 $n = 25$, 표본평균 $\overline{x} = 60$, 모표준편차 $\sigma = 5$이므로 모평균 m의 신뢰도 95 %의 신뢰구간

$\overline{x} - 1.96 \dfrac{\sigma}{\sqrt{n}} \le m \le \overline{x} + 1.96 \dfrac{\sigma}{\sqrt{n}}$에서

$60 - 1.96 \times \dfrac{5}{\sqrt{25}} \le m \le 60 + 1.96 \times \dfrac{5}{\sqrt{25}}$

$\therefore 58.04 \le m \le 61.96$

답 ①

11

표본표준편차의 값 s는 30분, 즉 0.5시간이고, 표본의 크기 $n = 100$으로 충분히 크므로 모표준편차 σ 대신 표본표준편차의 값 $s = 0.5$를 이용한다.
표본평균이 7이므로 모평균 m의 신뢰도 99 %의 신뢰구간은

$7 - 2.58 \times \dfrac{0.5}{\sqrt{100}} \le m \le 7 + 2.58 \times \dfrac{0.5}{\sqrt{100}}$

$\therefore 6.871 \le m \le 7.129$

·보충 설명

모표준편차가 주어져 있지 않지만 표본의 크기가 충분히 크면 모표준편차 대신 표본표준편차를 사용할 수 있다. 여기서 표본의 크기 n이 충분히 크다는 것은 일반적으로 $n \ge 30$일 때를 말한다.

답 $6.871 \le m \le 7.129$

12

표본의 크기는 n, 표본평균 $\overline{x} = 180$, 모표준편차 $\sigma = 5$이므로 모평균 m의 신뢰도 95 %의 신뢰구간은

$180 - 2 \times \dfrac{5}{\sqrt{n}} \le m \le 180 + 2 \times \dfrac{5}{\sqrt{n}}$

그런데 신뢰구간이 $179 \le m \le 181$이므로
$180 - 2 \times \dfrac{5}{\sqrt{n}} = 179$, $180 + 2 \times \dfrac{5}{\sqrt{n}} = 181$

따라서 $2 \times \dfrac{5}{\sqrt{n}} = 1$이므로 $\sqrt{n} = 10$

$\therefore n = 100$

답 100

13

모표준편차가 주어져 있지 않지만 표본의 크기 100이 충분히 크므로 모표준편차 대신 표본표준편차를 사용할 수 있다.
표본의 크기 $n = 100$, 표본평균 $\overline{x} = 172$, 표본표준편차 $s = 5$이므로 모평균 m의 신뢰도 99 %의 신뢰구간은

$172 - 2.58 \times \dfrac{5}{\sqrt{100}} \le m \le 172 + 2.58 \times \dfrac{5}{\sqrt{100}}$

$\therefore 170.71 \le m \le 173.29$

따라서 신뢰구간에 속하는 정수의 개수는 171, 172, 173의 3이다.

답 3

14

표본의 크기를 n, 모표준편차를 σ라 할 때, 표준정규분포를 따르는 확률변수 Z에 대하여 $P(|Z| \le k) = \dfrac{\alpha}{100}$이면 모평균 m의 신뢰도 α %의 신뢰구간의 길이를 l이라 하면

$l = 2 \times k \times \dfrac{\sigma}{\sqrt{n}} = \dfrac{2k\sigma}{\sqrt{n}}$

ㄱ. 신뢰도가 일정할 때, 표본의 크기 n의 값이 커지면 $\dfrac{2k\sigma}{\sqrt{n}}$의 값이 작아지므로 신뢰구간은 짧아진다. (참)

ㄴ. 표본의 크기가 일정할 때, 신뢰도 α의 값이 커질수록 k의 값도 커지므로 $\dfrac{2k\sigma}{\sqrt{n}}$의 값도 커진다. 즉, 신뢰구간은 길어진다. (참)

ㄷ. 모표준편차와 표본의 크기가 모두 2배가 되면 신뢰구간의 길이는
$\dfrac{2k \times 2\sigma}{\sqrt{2n}} = \sqrt{2} \times \dfrac{2k\sigma}{\sqrt{n}} = \sqrt{2}\, l$ (거짓)

따라서 옳은 것은 ㄱ, ㄴ이다.

답 ③

15

표준정규분포를 따르는 확률변수 Z에 대하여 $P(|Z| \le k) = \dfrac{\alpha}{100}$라 하자.
표본의 크기 $n = 36$, 모표준편차 $\sigma = 3$이므로 모평균 m의 신뢰도 α %의 신뢰구간의 길이는

$2 \times k \times \dfrac{3}{\sqrt{36}} = 1.5$ $\therefore k = 1.5$

따라서 $P(|Z| \le 1.5) = 0.86$이므로

$\dfrac{\alpha}{100} = 0.86$ $\therefore \alpha = 86$

답 86

PROJECT
531
수학을 쉽게

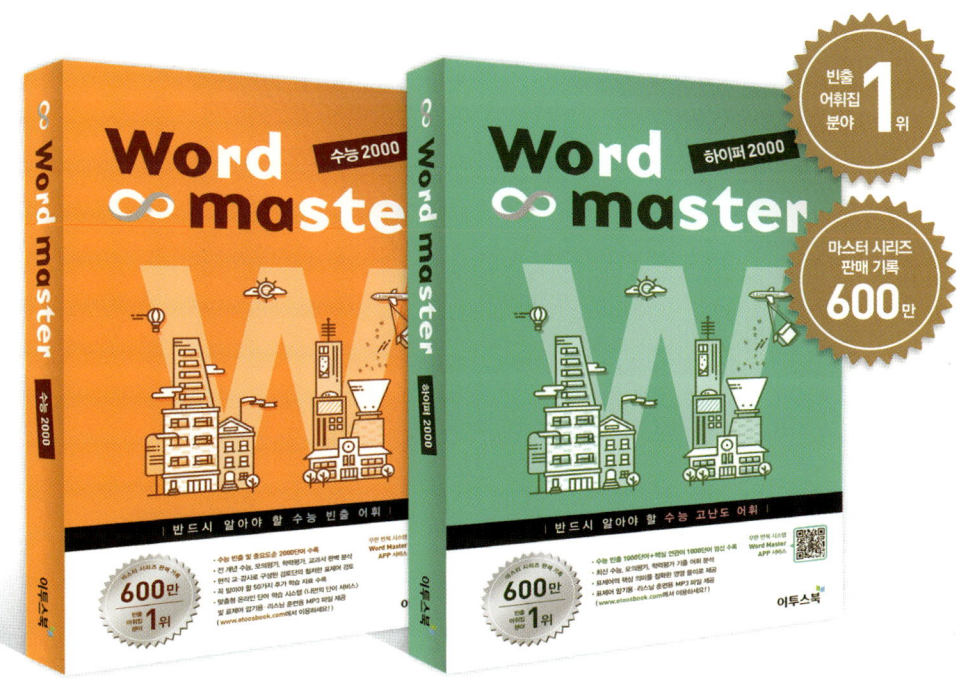